二战浪漫曲 WORLD WAR II ROMANCE

二战·总统的家事

◎李乡状／编著

R II PRESIDENT'S FAMILY

团结出版社
UNITY PRESS

图书在版编目（CIP）数据

　　二战·总统的家事 / 李乡状编著. -- 北京：团结
出版社，2014.1（2022.1重印）
　　ISBN 978-7-5126-2341-5

　　Ⅰ. ①二… Ⅱ. ①李… Ⅲ. ①长篇历史小说—中国—
当代 Ⅳ. ①I247.5

　　中国版本图书馆CIP数据核字(2013)第308198号

出　版：团结出版社
　　　　（北京市东城区东皇城根南街84号　邮编：100006）
电　话：（010）65228880　　　65244790（出版社）
　　　　（010）65238766　　　85113874　　　65133603（发行部）
　　　　（010）65133603（邮购）
网　址：http://www.tjpress.com
E-mail：zb65244790@163.com（出版社）
　　　　fx65133603@163.com（发行部邮购）
经　销：全国新华书店
印　刷：三河市燕春印务有限公司

开　本：710毫米×1000毫米　　16开
印　张：15
字　数：170千字
版　次：2014年1月　第1版
印　次：2022年1月　第3次印刷

书　号：978-7-5126-2341-5
定　价：68.00元

前言
QIANYAN

在第二次世界大战中，世界反法西斯斗争的舞台上留下了许多可歌可泣的动人故事。从元帅到士兵，人们同仇敌忾，为着民族和人民的利益和正义的事业，不惜抛头颅、洒热血，与敌人奋战到底。他们当中有隐秘战线的无畏英雄，有在正面战场上奋勇搏杀的热血男儿，有统帅千军万马的睿智将领，也有策动局势的领袖元首。那些发生在他们身上种种带有传奇色彩的事件至今仍然广为人们所传颂，战争的铁血和历史的壮阔更是为这些曾经的故事增添了一份令人回味无穷的浪漫。

客观来说，"二战"的发生是人类历史上的一场浩劫，它使全世界大多数地区的国家都遭受到了战火的洗礼，令无数军民饱尝了它所带来的磨难；然而，"二战"的胜利却又无疑是人们一次无可比拟的伟大成就，是它将全世界人民团结战斗打败法西斯军国主义的胜利与和平的丰碑，永远树立在了历史的漫漫长路上，父辈的血汗与呐喊凝聚在这里，为我们这些后人留下了一处值得永远敬仰和继承的精神——在亚洲、在非洲、在欧洲，世界各国人民团结在反法西斯同盟的旗帜下展开了对德、意、日、法西斯轴心国的殊死战斗。从1933年到1945年，世界范围内的反对法西斯斗争此起彼伏。终于，正义战胜了邪恶，向往和平与正义的人们赢得了最后的胜利。

在二十一世纪的今天，那段历史已然离我们远去了，曾经高呼的口号被淹没在平淡的生活当中，战火的痕迹被新建起的楼房与街道所掩盖。战争的记忆从我们身边消失已久，然而，即便如此，今天的我们也仍然能够不时从书籍、报刊和人们的口耳相传中听到那些似乎已经远去的名字与词语：敦刻尔克大撤退、不列颠空战、斯大林格勒保卫战、解放波兰、攻陷柏林……这些泛着陈旧之色的字眼或许被提及的时候给人的感觉或许已经不能像几十年前那样容易引起热血的激荡和讨论的兴味。但是当我们翻开书本，重新咀嚼起它们身后的那些故事，胸中却还是无法抑制地会泛起对历史那份无尽浩荡与雄浑奥壮的回味悠长。

是否还记得，莫斯科郊外以血肉之躯抵挡坦克的最后呐喊；敦刻尔克海岸上为同袍撤离而顶着炮火与炸弹袭击的顽强阻击；在伦敦上空对敌人如黑云般压来的轰炸机群从飞机炮口中喷出的怒火；昔日北非名将隆美尔与蒙哥马利率领部队殊死作战的阿拉曼战场上，如今伴着双方遗留下来无数地雷形成的"魔鬼花园"的，只有在沙漠公路两旁绵延久远的无名战士墓……

麦克阿瑟曾经说，老兵不死，他们只会渐渐湮没(在人群中)。当战争离我们远去之后，那些与战争有关的人们和他们的事迹也被生活中更加贴近我们的种种信息所渐渐掩去。而事实上，无论辉煌抑或黑暗，这些值得了解的过往都不应该在我们的记忆中以一个毫无内容的名词的形式一直蒙尘，直到死去。从这些故事当中，我们能够学习和获得许多生活中可能永远无法接触到的智慧，以及情感。

本书通过对历史史实的详细阐述，从战争的过程当中甄选出一系列不同身份的角色。通过从不同的角度，不同的立场和不同的身份进行讲述和介绍，使一大批鲜活的人物跃然纸上，他们的事业，生活，伴侣，友人，仇敌以及经历都以一种更加贴近人性的视角被展现出来，便于读者们更好地带入到角色的感受当中去，更贴切地去解读和掌握书中所介绍的这些活跃于那个特殊年代的人们。

本套丛书当中不仅介绍了我们时常听闻的那些在第二次世界大战中声名在外的著名将领和领导人的事迹和经历，也包含了对那些工作在隐秘战线，工作在敌人心藏中的无名英雄的描写，让我们能够从更全面的角度来对二战时代的局势与当时不同阵营和国家人们的世界观进行了解，相辅相成地为每一位相关的人物在印象中描绘出一个更加贴近现实的生活与境遇背景，还原出一个个与历史百科介绍中那些冰冷文字构筑下不一样的人物形象。

本书力求以历史原貌真实再现历史史实，呈现在读者面前。如果存在某些描写过甚或与真实历史出入之处，敬请各位读者朋友批评指正。

2013.12.26

目录
■MULU ■

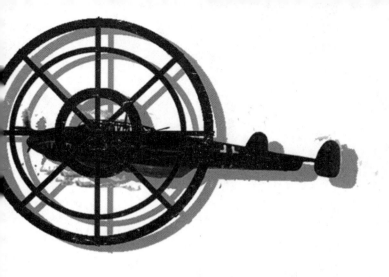

罗斯福的家事

富兰克林·罗斯福的名字在世界上都是很有名望的。20世纪30年代至40年代,他在克服经济危机和反法西斯战争中表现出了非凡的才能。他在担任美国总统期间进行了一系列有利于美国经济发展的事情,他推行了新政,确立了国家对经济的垄断,建立了宏观调控体系,使美国摆脱了经济危机的厄运;他强烈反对法西斯国家用侵略的方式转嫁经济危机带来的困难;战争来临之时,罗斯福审时度势加入到了同盟国的一边,并且在反法西斯的斗争中做出了巨大的贡献。在他任职期间,广受美国人的拥戴,并且成为了美国唯一连任四届的美国总统,同时也被评为"美国最伟大的总统"之一。第二次世界大战中,他总是带着女儿参加盟国首脑会议,而他的夫人埃莉诺也为美国做出了重要的贡献。战争期间,埃莉诺在美国社会福利救济领域作出突出贡献,深得美国人的爱戴。罗斯福一家为美国的发展做出了巨大的贡献,罗斯福总统的一家,是许多美国人所向往的一家,成为美国无数家庭的典范。然而,就是这样的家庭背后也隐藏着很多不为人所知道的秘密。

罗斯福其人

富兰克林·罗斯福,在 1933 年登上了美国政治舞台的核心。在这一年成为了美国总统,并且面临着美国当时的经济危机。为了克服这种情况,挽救美国经济,罗斯福集中精力推行"新政"。他曾在演讲时用积极乐观的态度告诉美国民众:"我们的恐惧都来源于自身。"美国总统有如此的信心能克服经济危机,美国民众又有什么理由不相信能战胜经济萧条了。

20 世纪 30 年代的人类社会充满动荡、血腥与变革。世界经济危机使全球的各个国家都受到不同程度的影响。以德国为首的轴心国国家为了摆脱经济危机,不惜发动世界大战,世界处在一个火山的端口,随时都有可能爆炸。欧洲和亚洲的两个策源地已经形成。此时的世界是英雄与枭雄并存的时代。而罗斯福在此时扮演了英雄的角色。

现在的联合国,就是在罗斯福的推动下成立的,联合国的作用主要就是维护战后世界和平。在罗斯福逝世后的半个世纪里,他仍然是美国人民心中的伟大领袖,他在美国人民心中的位置仅次于华盛顿和林肯。

罗斯福胸襟博大、智慧非凡、深孚众望,他的政治前途一片光明,谁也无法阻挡他走向成功之路。但是,这个世上也许没有人总是一帆风顺。在他 39 岁那年,一场无情的灾难降临了。1921 年 8 月,他和家人正在坎波贝洛岛休假,由于一个意外,他跳入了冰冷刺骨的海水中,这样做的后果就是很快出现了高烧、疼痛、麻木,后被医生确诊为:脊椎灰质炎,终生残疾。这一打击并没有让他倒下去,罗斯福依然坚持理想与信念,每天坚持康复训练,

并在此期间阅读了大量的书籍。

富兰克林·罗斯福受人爱戴，因为他的平易近人，尽管是贵族出身，但是他能站在普通民众的角度上看问题。除此之外，他的个人魅力，加上他的身残志不残和积极向上的乐观精神一直鼓舞着美国人民。他也曾遭到很多人的嫉恨，他们认为罗斯福要改变美国资本主义的基本框架，试图颠覆资本主义。但是罗斯福还是站在资本主义的立场上进行的改革。罗斯福："我从来都没有想过要摧毁资本主义，我只想改革它，让它为我们美国服务。"

富兰克林·罗斯福对美国的发展做出了重大的贡献，美国人心甘情愿的被罗斯福支配，并且根据罗斯福的形象和功绩评价以后的历届总统。

罗斯福作为美国任时最长的总统，不仅让美国人民走出经济萧条，还开创了一种新的经济模式，政府干预经济的模式，不仅挽救了美国的经济，而且对世界各国以后的经济的发展也有重大的意义。

二战浪漫曲

罗斯福的家教

　　每当人们提起富兰克林·罗斯福，就会不由自主地想起那个在破败不堪的世界经济大萧条时期，在那个战火纵横的年代里，面目严肃，戴着金丝眼镜，指挥美国人民走出困境的美国总统。在光环的背后人们想知道他曾生活在什么样的家庭中，接受着怎样的教育，他的家庭又有什么样的背景，能使他成为美国人爱戴的总统？如今我们要仔细的研究他，了解他，只能从厚厚的多达十几本写的密密麻麻的日记和信件以及一些关于他的档案中，才能真正的看到富兰克林·罗斯福这位出色的美国总统早年生活的情景。

　　首先，罗斯福的家世背景非常的显赫。到了 19 世纪 20 至 30 年代，罗斯福家族在美国已经有 300 多年的历史了，罗斯福家族不仅在商界有很高的威望，更让人赞叹的是罗斯福家族在政治领域也享有盛誉，一共出过西奥多和富兰克林两位美国总统，其中后者因为在二战和国内经济改革当中的作为而尤为著名。

　　纽约的海德公园是一个小城镇，但是城镇却很繁华，1882 年初，富兰克林·罗斯福就在这里出生了。他的父亲叫做詹姆斯·罗斯福，在当时的交际圈和商业界非常有名望，他的母亲萨拉·德拉诺的家庭背景也非常优越。因为是上层社会的出身，所有在接受教育的方面会很广泛，这样，萨拉身上就具有了温柔漂亮，知书达理等优点。也许是天降姻缘吧？在一次家族聚会上，詹姆斯和萨拉相遇，萨拉比詹姆斯小 26 岁，年龄的差距并没有使两人产生距离，多年独居的詹姆斯立即就被超凡脱俗的萨拉所吸引，同时，萨拉也注意到了詹姆斯，并被詹姆斯温文尔雅，谈吐不凡的风度深深地打动了，两人可谓是一见钟情。从相知、相恋、他们的感情变得更加的甜蜜，不久，他们走进了婚姻的殿堂。几年之后，他们生了一个可爱的儿子——富兰克林·罗斯福。由于萨拉受过良好的教育，所以为了更好的培养富兰克林，萨拉担任了儿子启蒙教育的老师，在萨拉的精心教导以及庭教师的辅导下，富兰克林很小的时候就学会了拉丁语、德语、法语、算术等。

富裕的家庭给罗斯福成长提供了优越的环境。他是家里的唯一的孩子，詹姆斯对他宠爱有加，萨拉更是把他视为珍宝。罗斯福虽然是父母的掌上明珠，但是詹姆斯夫妇对他的要求却特别的严格。原来在那个年代，条件越是优越的家庭就越重视孩子的家教问题。詹姆斯夫妇知道，只有严格的教育和训练才是对孩子的成长最有意义的。

在罗斯福做错事情时，詹姆斯夫妇绝不会姑息，他们会耐心地教育帮助孩子，还会严厉的批评他，直到罗斯福意识到自己的错误，并且知道错在了哪里。

萨拉曾经说："我想让我的儿子长大后成为像他父亲那样的人，优雅、正直、仁慈，做一个堂堂正正的美国人。""我不想让我的儿子成为政治纷争的牺牲品。"事情不总是随人心愿的。若干年后，富兰克林真的成为美国总统，而且还是美国历史上最有声望的总统之一。

罗斯福的生活都是母亲为他设计好的。罗斯福从 5 岁起才开始自己穿衣服，并且在这个岁数之前，萨拉一直让他穿着可爱类型的童装，卷卷的头发是金色的。看起来像个小天使。刚满 8 岁时，罗斯福已经成长成为一个小男子汉了，他开始对自己的穿着提出了个人看法，他说自己已经长大了，他不要再穿童装了。他的母亲在了解罗斯福的想法之后，在买衣服的时候尽量征求他的意见，这让罗斯福非常高兴。9 岁的时候，萨拉才同意罗斯福可

二战浪漫曲

以自己洗澡。也许在罗斯福童年的生活中,遵守母亲制定的标准是他必须要做到的。虽然站在母亲的角度看来,那些标准是必要的;只是童年的罗斯福认为那些标准是苛刻的,不过他必须无条件地执行。

萨拉温文尔雅,懂得相夫教子。萨拉用宽严相济的方式培养着罗斯福,为罗斯福的不平凡人生奠定了坚实的基础。罗斯福很多习惯都是在母亲的帮助下养成的。萨拉用尽全部的心血来培养罗斯福,虽然有时非常的严格。但同时她也懂得,严格管教并不要达到压抑的地步,要根据自己孩子的个性进行进行教育。所以只要她认为儿子的提议是对的,就会给予极大的鼓励和支持。

萨拉经常与儿子换位思考,把自己置于儿子的角度想些事情,并且有很多事情她总是与儿子商量,征求儿子的意见,并且没有把罗斯福看成是一个孩子,而是一个同样大的成人,对于一些合理的要求,都会给予满足,这对罗斯福日后的发展有着重要的影响。萨拉知道什么是真正的爱。而且她给予罗斯福的就是这种爱。

罗斯福小的时候每天作息时间都非常规律,他的母亲规定罗斯福每天早上 7 点钟起床,然后洗漱、运动;到 8 点钟准时吃饭;刚刚吃过早餐,罗斯福的私人教师就会来到家中上课,他每天必须认真的同家庭教师学习 2 至 3 个小时后才可以休息;中午是罗斯福最开心的时刻,因为中午是罗斯福的自由时间,他有很多的事情可以做,比如到小屋子中睡午觉,或者可以去专属于罗斯福家族的树丛中摘草莓,挖土拨鼠。

下午 1 点钟萨拉会准时叫他吃饭,午饭后又是紧张的学习,他要同家庭教师学到下午 4 点钟。他的家庭教师非常喜欢罗斯福。罗斯福的家庭教师叫阿瑟·邓珀,邓珀有自己的一套新颖的授课方式。罗斯福很淘气,总是不能把精力用在同一件事情上很长的时间。但是邓珀的每句话都特别地吸引罗斯福。邓珀还经常带罗斯福出去玩，让他去接触大自然、接触社会，学习书本上学习不到的知识。

窗外阳光明媚，看着心不在焉的罗斯福，邓珀决定带他去参观鸟类的标本，听说南肯辛顿博物馆内鸟类的标本是最多，最全的。知道教师要带自己去看鸟类标本，罗斯福高兴极了，和母亲打过招呼就出门了。师徒二人来到了博物馆，可是到了这里才发现，今天博物馆普通民众不允许随便的进去，除非有邀请函的人。原来威尔士亲王和爱德华七世要来这里主持一个侧厅的落成仪式。这下难住了邓珀和罗斯福这两位鸟类爱好者。

邓珀很失望，而罗斯福却不停地眨着蓝色的大眼睛，忽然，灵机一动，他有了主意。罗斯福转身掏出自己随身携带的美国自然历史博物馆终身馆员资格证，凭借这个证件，罗斯福和教师顺利地进入到了博物馆内。原来这个证件是罗斯福的外公给弄到的，外公知道罗斯福喜欢鸟类的标本，所以特意去弄的。

下午 4 点以后是罗斯福的自由时光，他可以做自己喜欢做的事。萨拉给罗斯福制定的作息时间让罗斯福的自由少了很多，对此罗斯福很不满意。他向母亲提出了强烈的抗议，还让母亲给他更多自由的时间。萨拉允许了他，并答应给他一天"自由"的时间。

萨拉非常的了解自己的儿子，罗斯福听话，有主见。他会用这一天做他喜欢的事情。萨拉相信他的儿子。

萨拉是一位非常称职的母亲，要给予孩子合理的时间，小孩子都有贪玩的心理。既然孩子能学的很好，那就让孩子在玩的时候也要玩好，这才是快乐的童年。

罗斯福在这样严格又开放的家庭教育下，成为了一个懂事好学的孩子。他不仅好学而且兴趣也非常的广泛，他常常同父亲去巡视庄园，骑着马穿过只属于罗斯福家的树丛,用弹弓去射隐藏在树上的鸟窝,还调皮的用小铲子去挖隐藏在田地中的土拨鼠洞穴……

萨拉还曾这样说道:"我们用我们大人的行动来教育我们的儿子,教他对待生活的方式,但是我们从来都不会用高压的手段来反对他的喜好。"詹姆斯和萨拉夫妇在儿子很小的时候就为儿子规划了一个框架,但并没有刻意让儿子接受这样的塑造。他们对儿子严厉的时刻,并没有忽略儿子的个性的发展。

罗斯福的父母一心想要将他培养成为一个绅士。但是作为母亲,萨拉还是有一点私心,她想让儿子永远的陪在她的身边,永远的生活在海德公园这个宁静,没有纷争的地方。

作为成年人,詹姆斯和萨拉经历过太多的事情,知道世界有太多的苦闷、伤心与难过,还有令人难以接受的现实。他们不想让他们的掌上明珠遭受一点的委屈和挫折,他们一直在小心的呵护他们的心肝宝贝。

从以上这些可以看出,对于培养罗斯福意志力和性格上,詹姆斯夫妇没有去刻意地做。因为詹姆斯相信,只要罗斯福的在生活中对事物充满美好,经过时间的推敲,自然就会形成高尚的境界,自然而然的就会抵制那些粗俗的不美好的事物。詹姆斯夫妇尽量在海德公园这片净土上为罗斯福出营造一片美好的氛围,让高尚的思想深入他的心灵。这个世界粗俗,丑恶的事情太多,罗斯福应该学会区别和抵制它们。

罗斯福是家中的独生子,没有兄弟姐妹和他争宠,他永远是父母的最爱,他成为家庭中的中心,没有人和他抢夺玩具,他想玩什么玩具都可以,想什么时候玩也都可以,这给他留下了美好的童年印象。在很多年以后, 身处政坛的罗斯福满心疲惫地对自己说:"我的灵魂召唤我回到哈得孙河畔。"

在罗斯福 3 岁时,曾同家人经历了一次冒险。

一天,罗斯福一家乘坐"日耳曼号"轮船回国,海上的天气总是变幻莫测,其乐融融的一家人正在行驶的途中,忽然天色大变,海面上巨浪翻滚,一场大风暴已然来临,一个浪头比一个浪头高,海水不断地打在船板上,发出"啪! 啪! "的响动,人们被眼前的一切惊住了,虽然有很多海上航行的经验,但是,海上风暴的危险性却是无法估计了,无论你有多么丰富的航行经验,在自然灾难面前,都会显得那么无力。海水不停地涌进船舱内,船在风浪中剧烈颠簸,像一叶孤舟在波涛起伏的海浪中颠簸,随时可能被打翻。

船舱里的詹姆斯夫妇坐立不安,少不更事的罗斯福却没有流露出过多的畏惧,他只是坐在床上继续玩他的跳娃娃,根本一点儿都没有感觉到船身的晃动。父母为了不让罗斯福受到惊吓,所以一直让他呆在自己的房间,他们告诉孩子,不管有多大的风浪父母都会保护他。

"我们好像在下沉呢,我们该怎么办? "萨拉悄声说。

"看上去是这样,我们现在什么都做不了,只能祈求上苍给予帮助了。"詹姆斯说。

一个翻滚的大浪扑过来,顿时船舱里进了水。萨拉用皮大衣紧紧地裹住了儿子,说:"我可怜的儿子。如果他真的要沉下去的话,就让他暖和的沉下去吧。"

还没有危机意识的罗斯福在玩他的跳娃娃。一不小心,可爱的跳娃娃落到了船舱的水中。他放声大叫了起来:"我的跳娃娃掉进水里了,请快点救救她! "

"日耳曼号"最终逃过了一劫,他的跳娃娃没有被海水冲走,罗斯福也没有沉入水底。对于罗斯福一家来说,可以说是从鬼门关中爬了出来。

海上生活不仅培养了罗斯福在狂风巨浪面前不畏惧,而且还使他从小就对航海产生了浓厚的兴趣。十几岁的时候,父母又带他去欧洲旅行,这已经是他第 8 次去欧洲了。罗斯福已经对英国、法国和德国相当熟悉。经过多次旅行和长时间的海上生活,罗斯福已经掌握了驾驭航船的技术,可以独自在狂风巨浪中掌舵了。

罗斯福再大一些的时候,他的父亲给他做了一只小型航船。小船的长度是 21 英尺,罗斯福命名它为"新月"号。

大海无边无际,能看到的只是浩渺的蓝色海水,有时海上还会下起大雾,莫名其妙的会卷起狂风巨浪,罗斯福开始憧憬着进入海军学院学习,梦想着自己有一天可以成为一名出色的海军。很多年过去了,罗斯福真的成为了一名海军,而且还位居海军部部长助理,有权过问所有的海上相关的重要事务。

爱的旅途

有时仅仅是一次的邂逅就会使两个人怦然心动，罗斯福和埃莉诺的爱情就是这样开始的。

这是一段充满阳光的温馨的时光，一段罗斯福永生难忘的时光，这段日子是清净的，美好的。和罗斯福以后从政的那段时间比起来，这段日子可以作为罗斯福心灵的避风港。每当夫妻二人想起那段时光，他们的脸上都会露出甜蜜的微笑。

20世纪初的一个夏日，天空万里无云，微风吹拂着嫩叶在摇摆。罗斯福陪母亲萨拉乘坐火车前往海德公园。罗斯福已经好久没有陪在母亲的身边了，因为此前在哈佛大学学习。令罗斯福欣慰的是，母亲身体很健康。萨拉懂得的知识特别多，而且也很注意保养自己的身体，看上去依然那样的年轻，漂亮。孝顺的罗斯福也常常给母亲讲笑话，逗母亲开心。由于豪华车厢中的人很少，而且每个人几乎都是在自己的车厢内，长途的旅行使罗斯福感觉到很无聊。于是他想到普通的车厢去走一走，在征得母亲的同意后，罗斯福高兴的走出了自己的车厢。

他来到了普通车厢，里面响起嘈杂和喧闹声。由于实在无聊，他还是决定继续走下去。年轻人的好奇心永远是那么的强烈，他本想回去后向母亲述说他在普通车厢遇到有趣的事情，可是马上就要到最后一节车厢了，还是没有任何有趣的事情。最后一节车厢凌乱不堪。正当罗斯福转身准备回去的时候，一位身材修长正埋头于书本中的姑娘深深吸引了他。罗斯福曾听说过女孩子读书时是最美丽的,那是他在哈佛大学读书时,一个富家子弟告诉他的。当时,罗斯福不以为然地笑了下。然而,此时的罗斯福相信了这句话。那位姑娘留着乌黑的长发,时而皱一下眉头,时而嘴角泛起微微笑意,她衣衫洁白,仿佛一个白雪公主。此时的女孩已经俨然成了那本书的主人公……

罗斯福用热辣的目光注视着这位姑娘,也许是心有灵犀,也许是姑娘累了,姑娘抬起了头,罗斯福一眼就认出了她,他高兴的上前打招呼:

"你好,埃莉诺,你还认得我吗?"罗斯福高兴地问。

姑娘先是一阵惊奇,然后经过思索,高兴道:"当然了,罗斯福!"埃利诺显得十分兴奋。

"已经很久没有见面了,见到你真是太高兴了!"

"我的学业已满,现在回外婆家。"

埃莉诺生于 1884 年,是西奥多·罗斯福的弟弟埃利奥特的女儿,西奥多·罗斯福的侄女。与罗斯福的家世比起来,她的童年生活是凄凉而悲惨的。

埃莉诺的母亲性格很古怪,在埃莉诺很小的时候,她嫌埃莉诺长得丑,就把可怜的埃莉诺送到修道院去上学。埃莉诺的父亲是一个酒鬼,常常喝得大醉,他偶尔回家,埃莉诺见到他很高兴。与母亲比起来,埃莉诺还是喜欢父亲,尽管他常常喝酒,但是在她心灵的深处,父亲是和蔼可亲的,有时候还会陪她一起玩,父亲不像母亲那样嫌弃她。

埃莉诺记忆中最清楚的事情就是在她 5 岁生日时,父亲给她买了一件漂亮的连衣裙,埃莉诺很喜欢。父亲还给她梳理头发,梳了个小辫子,还夸赞了她,为了哄女儿高兴,父亲带着她去树林中打鸟。父亲是个博学多才的人,给她讲了许多鸟类的知识。无论多么的忙,父亲总会抽出时间来陪她和母亲。后来,不幸的事情发生了,埃莉诺的父亲做了一桩大生意,不幸赔了本,倾家荡产,血本无归。不服输的埃利奥特准备最后一搏,但是最终他被一个与他一起做生意的合伙人骗了,所有的一切都化为乌有。

埃莉诺的父亲从此一蹶不振,每天只知道喝酒,在他的心里任何人都是虚伪的。在埃莉诺 8 岁时,她的母亲走向了生命的尽头,永远的离她而去。父亲此后更是以酒做伴,没有能力照顾他们姐弟二人,埃莉诺和弟弟被送到了外婆那里。在埃莉诺 10 岁的时候,她的父亲因为过量的饮酒造成酒精中毒而死去了,埃莉诺成了孤儿,可怜极了。外婆并不是十分喜欢她,对她的态度很冷淡。埃莉诺冷了,没有人给她拿暖和的衣服;饿了,没有人给她做饭;受了委屈,还要受到外婆的指责,她只能躲在角落里偷偷地流泪。

在埃莉诺 15 岁的时候,她被送到了玛丽·索维斯托小姐办的艾伦伍德女子学校读书。在热情开朗的女校长的教导下,埃莉诺对生活的态度有了很大的变化,原本灰暗的生活,在她看来变得美丽了许多。

在这以前,埃莉诺的生活很灰暗,她性格很孤僻,不喜欢与人交谈,更谈不上交朋友了。刚刚来到艾伦伍德女子学校时,她对这种环境很陌生,显得非常的害羞,经常独自坐在后面的座位埋头看书,这是避免与其他人交流的最好方式。她害怕同学们因为她长得丑而嫌弃她,她幼小的心灵时常浮现母亲说她丑的字样。在放学的时候,同学们都喜欢结伴而行,然而埃莉诺却总是一个人沿着一条小路悄悄跑掉了,以至于在她上学的 3 个月中没有人知道她住在哪里。

埃莉诺后来回忆往事时说道:"那是我在艾伦伍德女子学校度过的最糟糕、最无趣的日子,我害怕那里的一切的东西。但是,渐渐的我发现我的想法是错误的。"

自从这次相遇后，罗斯福和埃莉诺经常在各种场合见面。罗斯福渐渐被埃莉诺的气质所感染。他开始关注她的生活，知道了她小时候的事情，他开始同情她孤寂的童年。埃莉诺虽然长得并不漂亮，但却气质非凡，娴静而端庄。她在学校的时候读过很多的书籍，而且对很多问题有独到的见解。她做事认真，待人诚恳。在社会学方面，由于她的工作经历，使她对人民的疾苦有更深层次的了解。因此，她常常能提到新颖的见解。

埃莉诺的聪明、腼腆、学识丰富，让罗斯福刮目相看，在相互交往中渐渐的产生了爱慕之情，时常牵挂不已。罗斯福常常思念埃莉诺，只要长时间没有和埃莉诺见面，罗斯福就会心神不宁。但是，这种感觉在他同埃莉诺聊天时就会消失得无影无踪。

一天，罗斯福和埃莉诺在格罗顿的树林中悠闲的散步。罗斯福大胆的向埃莉诺求了婚。埃莉诺很兴奋，但是她并没有立刻答应他。这未免让罗斯福有点失望。罗斯福早已在不经意间爱上了埃莉诺，他害怕埃莉诺会拒绝他。

罗斯福的思绪早已飘到埃莉诺的身边，他的思维完全围绕着埃莉诺旋转。在埃莉诺还没有给他明确答复之前，他总是寝食难安，总会禁不住猜想她的心事。他猜想埃莉诺是因为害羞而拒绝他，还是因为埃莉诺已经有了心上人了，还是因为……

然而，罗斯福的担心完全是多余的。其实埃莉诺早就爱上了他，心里一直默默地祝福罗斯福，在他成功的时候替他高兴，在他遇到挫折时为他祈祷。只是罗斯福不知道而已。

埃莉诺羞涩地把这件事告诉了外婆，外婆听后非常的高兴，问她："你爱他吗？"

"是的，我爱他。不是现在，早在我 15 岁时第一次参加伯伯家的舞会，他邀请我跳舞时就开始了。那时，我只是默默的喜欢他，而今天是现实，他真的爱上了我。"

"祝福你！埃莉诺，勇敢的追求自己的幸福。不必管别人怎么谈论，只要你们两个相互喜欢就好，把他带来，接受我的祝福！他妈妈知道了吗？"

"我想，他会告诉他的妈妈。其实这两年来，他妈妈一直不同意我们的事情，但是有些事情，阻挠反而帮了忙。"

罗斯福的母亲萨拉对这门婚事并不是很同意，她的理由有两个。首先是两个人还太年轻，而实际上是她不愿意失去儿子对她的爱。自从罗斯福的父亲去世后，儿子就是她最亲近的人了。另一个原因是埃莉诺的长相并不漂亮，家庭背景也不好。所以她对此事很冷淡，实际上就是在反对这门婚事。然而，一向温顺的罗斯福在这件事情上却有了自己的主见，这让萨拉很失望。他写信给萨拉说："亲爱的妈妈，您是知道的，我很爱您，不管以后我如何的变化，但是我们母子的关系永远不变。现在，您有两个孩子去爱，也有两个孩子来爱您。您知道，埃莉诺会向对待自己的妈妈一样的对您……"最后，萨拉同意了他们的婚事，毕竟她知道自己的儿子很爱埃莉诺的，她是一位通情达理的母亲。

在罗斯福处理母亲与爱人之间的问题上，我们可以看出罗斯福并不是那种叛逆青年，在自己的婚姻大事上，虽然母亲不同意，但是他并没有表现出浮躁和不绅士的情绪。从这里我们可以看出罗斯福稳重的性格特点。罗斯福立场鲜明而有主见，面对两个深爱的人，他没有放弃任何的一人，他没有因为母亲反对婚事而与母亲吵得面红耳赤，也没有因为母亲的反对而放弃自己心爱的埃莉诺。

罗斯福是理智的，在母亲反对他与埃莉诺结婚的情况下，他依然能保持平静的心态与母亲交谈。埃莉诺是个孝顺、聪明的姑娘，她担心萨拉反对他们的婚事会使罗斯福为难，也担心自己同罗斯福的结合会给萨拉带来不快。于是，埃莉诺给罗斯福的母亲萨拉写了一封信，表达自己诚恳的心意。这封信多少打动了萨拉的心。

罗斯福用语言向埃莉诺表示爱意，而埃莉诺只是在心底默默的爱着罗斯福。直到罗斯福对她表示自己对她的心是"生死不渝"，埃莉诺才答应了罗斯福的求婚。

1905 年 3 月中旬，罗斯福和埃莉诺步入了婚姻的殿堂。美国总统西奥多·罗斯福答应要亲自将侄女交到新郎手中。婚礼办的很热闹。西奥多·罗斯福的莅临更是为婚礼增加了隆重的气氛，也引起了全国对婚礼的关注。全国各界人士纷纷到场，共同祝福这对新人。罗斯福和埃莉诺明白，其实会有这么多的人参加婚礼，主要是想亲眼目睹总统的风采。

这场婚礼是由皮博迪博士主持的，很多参加婚礼的人都是来目睹总统的风采，这两位主角变成了宾客。婚礼仪式完毕后，罗斯福和埃莉诺接受宾客们的祝福。西奥多·罗斯福第一个说道："祝福你们，你们一定是有史以来最亲密和热爱彼此的一对儿！"

热闹的婚礼仪式过后，罗斯福和埃莉诺留在了房间里，其他的人无暇与他们说话，都去客厅忙着与总统攀谈，合影去了。罗斯福和埃莉诺相视一笑，这场婚礼的主持人是西奥多·罗斯福叔叔。这样也好，他们免去了不必要的应酬，可以安静的谈谈心了。

婚后，罗斯福夫妇进行了奢华的蜜月旅行。他们乘"大洋号"去欧洲，尽情享受着新婚的甜蜜，旅行了近百天。每到一处，他们都会受到热情的款待，都会有报纸报道他们，甚至每一处住所，每一个行程，都被媒体报道得十分详细，这让埃莉诺失去了安全感。婚姻对一个女人太重要了，而蜜月又是幸福婚姻的开始，作为女人，她不愿意自己的私密空间被过分的关注和打扰。她温柔地对罗斯福说："安静的蜜月才是最好的，这次旅行没有报道，我们会过的更开心。"罗斯福却不这么认为，他说："亲爱的，虽然我们少了许多普通人的安静，但是这些是最好的陪垫，它让我们的蜜月与众不同，给我们一个又一个的小惊喜，点缀了我们的甜蜜和幸福。"其实在罗斯福的心中，受人关注一直是他向往的生活。

甜蜜的旅行结束了，他们回到了纽约。细心的母亲安排好了一切。早已为他们租下了一所温馨漂亮的房子，这所房子离萨拉的住宅很近。有3个仆人负责他们的生活起居。实际上，萨拉主宰着这个家庭。

后来发生地一切证明，罗斯福和埃莉诺的结合是正确的，埃莉诺在生活和政治都给予罗斯福极大的帮助，在生活上给了罗斯福无微不至的关怀和照顾，在政治上成为罗斯福的助手。罗斯福入住白宫也闪耀着埃莉诺的光芒。

埃莉诺曾经说："我结婚后的第一年完全靠别人的照顾，我的婆婆把我的一切都安排妥当。"其实埃莉诺也没有多余的精力处理家务，因为她怀孕了。这一消息让全家人都非常高兴，人们都为这个即将到来的家庭成员忙碌着，几个月后，罗斯福的女儿安娜·埃莉诺出生了。罗斯福很高兴，高兴之余，他也意识到责任重大，生活不是游戏，肩上已然有了更大的压力，他已为人夫，也已为人父，应该担负起生活的重任了。

罗斯福是一个有理想有抱负的人，他的内心从来没有安于现状，他渴望获得社会各阶层的拥护和爱戴。当然，他并不是一个人在战斗，埃莉诺成为他最强有力的支持者，她不仅不反对罗斯福参与政治活动，并且全力帮助，这也使她能更好地为社会民众服务。

童年不幸的经历不仅使埃莉诺的性格非常坚定执著，而且内心充满了爱，她同情下层人民的疾苦，经常参加各种公益活动，因为她的热心，很多

二战浪漫曲

人称她为"穷人的保姆"。她的公众形象也在无形中帮助了丈夫走向政治道路的成功。

　　算不上漂亮的埃莉诺一部分魅力源于她是时任美国前总统的侄女,另一部分是源于她在当时社会中所具有的学识。最重要的是她以女性的冷静、坚强、刚毅、温柔辅佐了罗斯福总统。这样的经历使她成为一名政治家,她的性格和个性让她获得了"第一夫人"的称号。

　　罗斯福去世后,有着非凡才气的埃莉诺赢得了杜鲁门的赏识,并任命她为美国驻联合国代表。随后她参与了 1848 年世界人权法案的制定,在法案的制定中起到了很大的作用。

　　埃莉诺作为一个女人,在家庭中是一个好妻子,是一个好母亲。在事业上,是罗斯福的好帮手,帮助罗斯福担当起重任。

哥伦比亚大学的法学院在美国是很著名的学院,那里走出了很多社会知名人士,1904年秋,罗斯福进入这所学院就读,这就奠定了他的从政之路,而在这之前,他曾在哈佛大学就读。

　　哥伦比亚大学坐落于美国纽约市曼哈顿,濒临哈得孙河,有着悠久的历史。1754年,英国国王乔治二世主张成立一所权威性的学府,哥伦比亚大学就这样诞生了,当时叫做国王学院。后来,在1896年改为哥伦比亚大学,哥伦比亚大学是世界上最权威的大学之一。

　　哥伦比亚大学是美国当时最有名望的三所大学之一,培养出过各种各样优秀的人才,从三所大学中走出的学子遍及世界各地,有的成为了金融家、有的成为了音乐家、有的在联合国中但当重任。

　　年轻的罗斯福在经过了哈佛大学的学习之后,来到了美国又一个著名学府继续深造。

　　哥伦比亚大学的生活与哈佛大学的学习生活很相似,几乎都是一样的学习环境,不同的就是罗斯福可以多修几门选修的课程。罗斯福还像在哈佛大学中的学习一样,只是少了些课外的活动。其实罗斯福并不喜欢在哥伦比亚大学中学习,他对他所学习的东西不是很感兴趣。所以他在学校的成绩并不好,平均为3分,在第一学年紧张的考试过后,他的契约法和诉讼程序没有合格,可怜的罗斯福只得参加补考。

　　一个人要学习自己不感兴趣的东西是非常痛苦的,相反,如果学习自己喜爱的东西，就很容易接的，也能很快地取得成功。但是很多事情都不尽如人意，要想取得成功，往往会兜一个小小的圈子。罗斯福就是这样的。

父亲一直很想让罗斯福学习法律，想让他成为美国著名的律师。可是罗斯福对法律根本不感兴趣，看到密密麻麻的条文就让罗斯福感到头痛，抽象而枯燥的法学概念让他感到无所适从。

虽然，罗斯福很不喜欢法律，但是为了完成父亲临终前的遗言，他没有在困难面前低头。在他的一生中，没有什么困难可以击败他，即使在他得了小儿麻痹症以后，他也能从容地面对困难。经过他不懈的努力，在第 2 学年，他的成绩就有了很大的提高，各门功课都取得了好成绩。

但到了 1907 年，罗斯福还是离开了哥伦比亚大学，他没有继续完成为获得学位所修的课程，他也没有参加毕业考试，也没有拿到学士学位。对此罗斯福不以为然，他认为他不应该在自己不喜欢的行业中苦苦挣扎，即使在不喜欢的行业中取得了很大的成绩，也是在浪费自己的宝贵时间，他要为实现自己的理想去做一些准备工作了。

许多年后，哥大校长尼古拉斯·默里·巴勒见到已经是总统的罗斯福开玩笑说："如果你不能回到哥伦比亚大学通过考试，那么你永远不能被称作为知识分子。"罗斯福风趣地回答："我现在之所以能成为美国的总统，全都是因为我当初没有再继续地学习法律。"

每一个成功的人，都是从最基本的职位起步，在基层历练，学到最基本的知识，为以后的发展做充分的准备。罗斯福也不例外，他从最基本的职位做起，终于找到了属于自己的一片天空，在自己的舞台上尽情地挥洒自己的才能。当然，历史证明罗斯福是幸运的。

罗斯福于 1907 年进入了卡特莱迪亚德米尔本律师事务所，事务所坐落在风景优美的华尔街 54 号,在美国非常的有名气。大部分的雇主为华尔街的大商家,进入到这所律师事务所,就意味着以后不仅会在律师界有名望,也意味着财源滚滚地流入腰包。罗斯福来到了事务所,受到了热情的接待,当事务所的负责人得知,总统的侄女婿要来工作时,很爽快地答应了。在罗斯福的心中,他当然知道是总统的面子成全了他。很多人会知道总统的侄女婿在卡特莱迪亚德米尔本律师事务所工作,这样事务所会更加的有名气。

第一年,罗斯福的工作是做初级书记员,属于见习期,没有报酬。这点罗斯福根本用不着担心,因为他和埃莉诺每年都有大约一万美元的收入,这在当时美国的社会生活中是一笔不小的收入,所以罗斯福不会为自己的生计而烦恼。

罗斯福在事务所,根本没有实质性的工作,但是他并不苦恼,因为他对事务所的事情并不十分的在意。他曾经给自己写了一份很讽刺的广告,立于他的工作桌的正前方,表示他愿意做有关法律方面的任何的事情。

初到一个新的工作环境都是这样的,他们对一个新初来乍到的新人不会给予太大的重任,因为律师事务所的重要事务都是一些非常重大的案件,如果处理不当,会影响事务所的形象,影响事务所的信誉。事务所不能因为罗斯福是总统的侄女婿,就破格让罗斯福但当重任,现在只能让他做些最基本的事务,这样可以使他更好的熟悉业务上的事情,也可以增加更多的学习机会。

罗斯福在事务所期间,认识了很多政府的要员,跟政府机关的人员频繁地接触,讨论时政。同时还参加了很多社会公益活动,他所做的一切都是为他以后的从政道路做铺垫。另外,罗斯福还曾以《新阿姆斯特丹的罗斯福家族》为论文题目来宣扬罗斯福家族"真正的民主精神",为他从政奠定了理论基础。他还是很多社团的成员，在社会上有着很大的影响力。

此时的卡特莱迪亚德米尔本律师事务所正在接收一个大的案件，西奥多·罗斯福总统指控美孚石油公司和美国烟草，卡特莱迪亚德米尔本律师事务所的任务就是为美孚石油公司和美国烟草辩护。这个案件对于事务所是非常的重要的，作为新手的罗斯福是没有机会参与这个案件的，罗斯福只能从旁边观察律师们是怎样做的，怎样获得自己需要的证据，条件。这点对于律师而言，是非常重要的。

在工作期间，罗斯福也接下了一些小的案件，一部分是公司安排他处理的，也有一部分是他自告奋勇接下的，虽然罗斯福讨厌法律条文，也没有优秀律师的头脑。但是他凭着自己的聪明才能，还是解决了很多的问题，打赢了很多小的官司。这使罗斯福多少产生了一点成就感。

罗斯福的见习期很长，大约过了一年，他才成为正式律师。经过一年的锻炼与学习，罗斯福被调到海事法律部。听到这个消息后的罗斯福，兴奋地跳了起来，因为他从小就很喜欢大海，对海洋有说不出的情感，立志长大后当海军。虽然他儿时的愿望不能实现，能去海事法律部也好，最起码满足了他童年时的愿望。

事务所有个规定，每到周六的下午，年轻有为的律师都要聚在一起谈心，可以谈谈一周的工作情况，也可以谈谈有趣的事情，有的时候谈论的话题实在是无聊，罗斯福无意听他们谈论。因为罗斯福根本无心谈论，他想的是他怎样才能在政治上大展拳脚的问题。

一个有远大抱负的人不可能只停留在一件事情上，理想的翅膀会带着他飞向更远的地方。罗斯福虽然在律师事务所上班，但是他的心中从来没有放弃从政的想法，他只不过是在磨炼自己，为自己成就大事做铺垫，只有经历基本的锻炼，才能在大舞台上展现自己的魅力。

在一次聚会上，罗斯福说："我不会永远在律师界，这个职业不适合我，只要有机会我就去竞选官职，我想当总统，而且凭借我的实力我完全有把握能竞选成功。"一次，罗斯福把事务所的负责人给惹火了。那是一个周六的下午，他们刚刚吃完晚饭，正准备好好的休息一下。此时，事务所的负责人来到了他们聚会的地方，手里拿着一张诉讼摘要，大声地说："这里牵扯到一个很复杂的法律问题，你们当中的哪位能回答出来。"餐厅中鸦雀无声，他们相互看着对方，没有人回答这个问题。负责人看到了在餐厅一角独自休息的罗斯福，"罗斯福，你来回答这个问题，你刚从法学院毕业，应该对这个问题了如指掌吧。"

罗斯福本来对法律就不感兴趣，加上他在哥伦比亚大学中并没有热衷学习法律。最后，罗斯福很无奈地回答："是的，先生。是的，先生。"

负责人脸色很难看，他摇晃着手中早已被他揉皱了的纸，咆哮着说："罗斯福，你在说些什么！我需要的是解释，不是敷衍！"

尽管出了这个事件，但是负责人对罗斯福的印象还是很好的，他很欣赏罗斯福的聪明。罗斯福有很好的家庭背景，口才也特别的好，负责人认为罗斯福将来会有大作为，可以成为他合作的伙伴。

1908年春天，阳光明媚，含苞待放的花蕾在微风中渐渐地绽放，小鸟在树枝上无忧无虑的唱着歌。罗斯福险些看不到这样美丽的景色，因为他经历了人生第二次惊心动魄的远航。

当时，罗斯福驾驶着"半月号"在海上行驶，在航行即将结束时遇到了大风暴。狂风大浪拍打着"半月号"，"半月号"在漫无边际的海面上摇曳。马上就要触到礁石了，在千钧一发之际，罗斯福和死神做抗争。为了便于操控，他降下了几乎全部的船帆，并抛弃了杂物。在大浪翻滚的海面上坚持了12小时之久。罗斯福以顽强的毅力战胜了风浪，从死神的魔爪下逃生。后来,风渐渐小了,罗斯福终于松了一口气。

在律师事务所工作期间,罗斯福在他的家乡参加了和他地位相称的社会公益活动,他成为一名义务消防员。并且在哈得孙河水上游艇俱乐部里当副主席。

在工作期间,罗斯福认识了很多人,参加了很多社会活动,同时也学会了和不同阶层的人打交道。由于罗斯福在工作中认真,从不斤斤计较,平易近人。使得社会上很多人都喜欢和他交朋友,在社会上赢得人们的支持。

罗斯福在不知不觉中使用了前辈用过的方法。这是他在成功的道路上铺的基石,罗斯福要踩着许多的基石完成他竞争的梦想,这样就能使他在以后的竞选中有足够的人力支持他。

1910年春的一天,罗斯福成就梦想的机会来了。纽约州的一个地方检察官约翰·E·麦克和一位民主党人物到了罗斯福的律师事务所,他们是来处理一些事情的。办完公事以后,性格温和的罗斯福和他们闲聊了起来,罗斯福特别喜欢和约翰·E·麦克聊天,不仅因为他非常的有名,还是因为可以从他那里了解更多的信息。

麦克也非常喜欢和罗斯福聊天,因为罗斯福的学识和社会实践深深吸引着麦克。在谈话中,麦克建议罗斯福去参加竞选,罗斯福本来就对政治很感兴趣,马上做出积极的回应,表示愿意尽全力试一下。他向麦克询问竞选纽约州议员的候选人应具备哪些必要条件,在竞选的时候需要注意些什么。麦克一一做了说明,最后,罗斯福表示无论成功与否,他都要努力尝试。麦克被罗斯福这种积极向上的精神打动了。

同年8月份,经过准备的罗斯福来到了波基普西,为了让更多的民主党人很好的了解自己,罗斯福进行了人生中第一次公开演讲,他利用天生的演讲口才和绅士风度打动了很多人,许多人都向他投下了赞许的目光。可是人们对于他的年轻和经验还是很担忧。但是这不影响罗斯福的竞选，因为罗斯福有很好的家庭背景，家中很有钱，可以为这个地区的民主党无偿捐献资金。所以大部分人对于罗斯福以民主党身份竞选洲议员表示同意。

当时，罗斯福的演讲并不是很好。埃莉诺后来回忆道："他说话的速度很慢，并且有的时候还会忘记他想要说的话，总是会停顿一会。每次遇到这样的情况，我都非常的担心，害怕他真的讲不下去。但是罗斯福的优点就是用词比较准确，对于他的这点我还是很满意的。"罗斯福在几经演讲之后，总结出一套惯用的语言也学会了政治家惯用的伎俩。他总不忘记在他所到城市说些奉承的话，因为说这些话对一个政治家是非常有用处的。

罗斯福很想在竞选中一举成名，并且他认为他能竞选成功的几率也是很大的。因为当时的形势对罗斯福来说并不是很有利，所以罗斯福的母亲和亲友都持反对的态度，因为他们认为觉得罗斯福所做的毫无意义。虽然埃莉诺不懂政治，但是她全力支持罗斯福去参加竞选。她表示罗斯福不论做什么事情，只要罗斯福认为是对的，那么她会在他的背后全力的支持他。在埃莉诺的支持下，罗斯福决定要参加竞选了。

在罗斯福的计划中出现了一个小插曲，罗斯福找到已经退出政治舞台的钱勒，并想劝说他参加竞争州参议员，但是被钱勒委婉的拒绝了。站在钱勒的角度上看，这次竞选是和共和党人交锋，获胜的几率为零，每一个正常的人都不会去这样做。但是，罗斯福作为了候选人。在此之前罗斯福对这件事情经过认真的分析，他知道他要想获胜是很困难的。但是他还是决定参加竞选，即使没有获胜，他也可以从竞选中获得一些经验，为以后的从政道路做铺垫。

在罗斯福下定决心之前，他给西奥多·罗斯福打了一个电话，这次通话

二战浪漫曲

是在训骂声中进行的。

罗斯福对西奥多·罗斯福说道:"亲爱的叔叔,我决定去参加纽约州的参议员的竞选"。

"太好了,罗斯福,埃莉诺果真没有看错你。你是个人才,像你这样的人不进入政界太可惜了。"西奥多·罗斯福高兴地说着。

"但是,叔叔,我代表民主党参加选举的。"罗斯福补充地说。

"什么?你在和我开玩笑吗?你怎么可以背叛我,我是你的叔叔,你想和我作对吗?你这个叛徒,我没有你这样的侄女婿……"西奥多·罗斯福咆哮地说。

罗斯福的这个电话使西奥多·罗斯福火冒三丈,在电话中大骂罗斯福不顾亲情,对罗斯福的行为提出种种指责,并以叔叔名义要求他放弃竞选。但是罗斯福并没有动摇,他已经决定参加竞选了。他打这个电话就是让他的叔叔有个心里准备。

不错,罗斯福已经下定了决心。无论是谁都无法阻挡他参加竞选的决心。虽然他对此次竞选没有多大的把握,但是他会尽全力,这时他的秉性。罗斯福作为候选人的提名在大会上顺利地通过了。

罗斯福在一次演说中动情的说道:"大家都知道,我以独立自主的态度接受这一提名。我不会效忠于任何人,也不会受到任何利益的驱使,直到永远……。在未来的一个月中我将是非常紧张的。"

罗斯福说的没有错,在未来的一个月中他的确非常的紧张,他根据全国的形势和州的动向制定了周密的竞选计划。

罗斯福强调政治一定要清明,各级政府包括联邦的、州的、县的以及镇的政治要清明,对那些专断蛮横、贪污腐化、结党营私的行为要坚决给以打击。

当时就任美国总统的是塔夫脱。在演讲中，罗斯福毫不客气地对塔夫脱政府进行抨击。他用词准确，观察问题深入，不给竞争者留有任何挑剔的机会。他指出塔夫脱政府制定的高关税政策所导致的农产品低价卖出，然而进口商品却高价买入，严重损害了民众的利益。罗斯福激情昂扬，言语尖锐，得到了农民的欢迎。

在制定策略的时候，罗斯福并没有把保守派和进步派的分歧说得那么清楚，但是对民主党和共和党的党魁评价，罗斯福却选用了同样的词汇进行谴责。罗斯福是聪明的、谨慎的，他这样做不会令共和党人感到他是一个危险的人物，获得包括共和党人在内的更多人的支持。他发表笼统的谈话，尽可能的避免回答自己所站立场的问题。

为了自己的竞选，罗斯福做了详细的部署。首先他租了一辆红色的旅行车，汽车没有车顶和玻璃，好像就是一个会移动的骨架。然后，罗斯福用彩旗装饰车身，还绘出了竞选的画面。并根据自己的计划给它起名"红色危险"轿车。在地方选举中使用轿车进行竞选在美国历史上是第一次。

当时在地方上拥有轿车的人毕竟是少数，而且轿车的速度非常的快，也容易使马受到惊吓。罗斯福顾不得那么多，为了可以在竞选区内到处走动，节省更多的时间进行其他的准备，他还是决定乘车竞选。

美国乡间地广人稀，平静而空旷，罗斯福的"红色危险"轿车在辽阔的乡间田野驰骋，虽然这里的选民不是群居的，但是罗斯福没有放弃，还是对这些散居的选民发表自己的演说。此时罗斯福的演讲水平没有多大的提高，但是选民们还是喜欢他的演讲。罗斯福态度认真，情绪激昂，他的演讲深深地打动了选民们的心。

罗斯福待人诚恳，平易近人，而奉承话更是他每到一个地方必先说的。他每到一处都会使用"我的朋友们"这种称呼，以此来拉近彼此的关系。他还主动提出用亲昵的称呼来增加彼此的亲切感。在演讲中他说："就叫我罗斯福吧，我就叫你……汤姆"等等。罗斯福是对的，他这样做可以让美国民众相信他能为美国人做很多有意义的事情，这使得他在竞选中人气大大提升，好多人都表示愿意支持他。

尽管每天在忙碌竞选的事情，罗斯福的妻子依然在默默地支持着她，为了让罗斯福可以全身心地投入到他的竞选活动中，埃莉诺尽全力帮助罗斯福处理一些她可以做到的事情。无论多忙，她都要亲自来到会场里听罗斯福发表演说，在罗斯福停顿的时候，她会为罗斯福捏一把汗。当罗斯福演讲时，埃莉诺的神经绷得紧紧地，直到丈夫结束演讲时，她的心才能平静下来。

一个人往往对自己想做的事情会投入更多的时间和精力，罗斯福同样如此。为了获得更多的支持者，他要去很多的地方进行演讲。一天，他越出了纽约州州界，跑到康涅狄格州进行演讲，演说时，他几乎是忘情的，全身心地投入使他赢得了听众不绝于耳的掌声，讲到激动处，他的手势极为丰富，语言精妙流畅，态度真诚感人，就在精彩的演讲即将结束时，他才反应过来，原来这已不是纽约州，可是台下的观众却为他的表现给予了充分的肯定。这件事造成了一个很大的笑话，每每提及，罗斯福都会自嘲地笑着。但是，从此以后罗斯福的名声却越出了州界。

在竞选中，罗斯福常常会提到他于西奥多·罗斯福的关系，这对他的竞选有很大的帮助。在一次演讲中，罗斯福一开始就说："我不是特德叔叔，我是罗斯福。"选民们被逗得大笑。罗斯福接着说："有一次，一个小伙子对我说他知道我不是西奥多·罗斯福，我感到很奇怪，就问你是怎么知道的？他回答说：'因为你说话没有露出洁白的牙齿！老罗斯福说话，有露牙微笑的习惯，所以我断定你不是老罗斯福。'"一段风趣幽默的话增进了罗斯福与听众之间的情感交流。

罗斯福在海德公园的演讲是他竞选活动中最后一站的演讲。海德公园是他出生的地方，他对这个生他养他的地方有特殊的感情，他首先向家乡的父老乡亲表示了敬意，然后他说："以前我的父亲在海德公园为大家做的好事，大家都是有目共睹的，我也将继续按照父亲的道路走下去。"

罗斯福在海德公园的演讲是真情的流露，表示他要继续跟随父亲的脚步为家乡父老服务，同时指出州政府必须有严肃的作风习惯。

紧张时刻已然到来，竞选结果马上就要公布了。人们翘首以待，无论是对于竞选者，还是对于民众，谁最后当选都将意味着美国未来的走向，选举对于国家以及民众自身都是举足轻重的大事。这一天，天气非常冷，天空中还下着濛濛细雨。罗斯福焦急地等待着竞选结果，在客厅中走来走去，埃莉诺陪在他身边，紧张程度不来于丈夫，她心也提到了嗓子眼，但是，为了给丈夫以安抚，她还是以女性的温柔来鼓励罗斯福。竞选结果终于公布了，罗斯福以微弱的优势战胜了竞争对手。听到结果的那一刻，全场沸腾了，罗斯福和埃莉诺相视一笑，他把妻子紧紧地拥入怀中，眼睛不禁有些湿润，他清楚地明白埃莉诺为了竞选付出了太多太多，这成功是对妻子最好的报答。埃莉诺轻拍着丈夫的背，由于内心的激动，让她久久不愿离开他的怀抱。这是两个人内心的亲密交流，无需任何语言，不用任何多余的动作。

家乡的人民在罗斯福的竞选中给予极大的帮助，在海德公园的投票中罗斯福占了很大的优势。民主党人在竞选中获得了可喜的成绩，民主党人占据了全国大多数州的州长职位，新泽西州也是其中的一个。

罗斯福的名字家喻户晓，已经成为纽约人民都知道的政治人物。他当时只是一个小小的州参议员，如此大的名声为他赢得更大的政治舞台，这样的事情不是一般人能够做到的。加上当时的时期正是自由主义潮流高涨的时候，罗斯福凭借他超凡的才能和智慧，使他成为了一位极具说服力的竞争者。

竞选成功的罗斯福怀着激情开始他的政治生涯。他期盼已久的愿望终于实现了，他期待着在新的事业中一显身手。在这次竞选中有很多人说罗斯福是侥幸获得了成功，因为那天的天气很糟糕，很多想投共和党的票的农场主没有来，给了罗斯福一个大好机会。无论怎样，罗斯福成功了，罗斯福的胜利部分地反映了全国上下总体的势头。美国民众开始倾向于民主党。

每一个成功男人的背后，都有一个默默无闻奉献的女人，罗斯福的成功少不了埃莉诺的大力支持。虽然此时的埃莉诺已经是 3 个孩子的母亲，但是她仍然不顾劳累去支持丈夫的竞选活动。

议员的生活

　　1911 年元旦,罗斯福和埃莉诺带着长女安娜、长子詹姆斯、次子埃莉奥特、保姆和 3 个仆人,离开纽约来到了奥尔巴尼。

　　奥尔巴尼是纽约州的首府,坐落于赫德森河畔,奥尔巴尼没有大城市的喧闹,没有车水马龙,与繁华的纽约城相比,它更像一个宁静的乡村小镇。罗斯福来到奥尔巴尼以后,首先为了就近上班,于是在州议会大厦附近租了一幢房子。与以前的房子相比,这个房子宽敞、豪华,让埃莉诺心情十分愉快的是她终于可以和罗斯福还有孩子们在一起自由的生活了,没有婆婆的约束和管教,她开始了真正属于她的新生活。

　　如果你一个人在顺利的时候,无论做什么事情都会取得成功,此时的罗斯福就是这样的。他还没有对任何的法案投票,他的名字就被纽约人所熟知,已经成为纽约人所共知的政治人物了。他在纽约的参议员中是年龄最小的一个, 很多人都不敢相信 29 岁的罗斯福竟然能成为纽约州的参议员。但是罗斯福稳重的仪表和言行举止使他们相信罗斯福确有能力担当州参议员的职位,也使他们相信罗斯福以后会是一个很难对付的人物。

　　W·阿克塞尔·沃思是《纽约时报》的资深记者,对于罗斯福,他做出了这样的描述:

　　"罗斯福出席议会那天,很多人会看到英俊潇洒的带有贵族血统的年轻人坐在这里,他的面容更加的红润,更加的健康,他还不到 30 岁,身材高大,有聪明的头脑,他不用费多大的力气就可以赚到钱,是纽约州姑娘们的梦中情人……"

罗斯福虽然是州议会里最年轻的议员,但是他的言语和举止可以看出他很老练,他是一个不甘于平庸的进步派。虽然罗斯福在政界属于初出茅庐的小字辈,但是麦克早已经告诉他应该注意的事项。睿智干练又富有活力的罗斯福以其出色的表现吸引了很多持相似观点的党内同仁,一时间,罗斯福的甚至家成为了人们进行讨论的集散地。

路易斯·豪曾经这样评价过此时的罗斯福:

"美国的政治舞台上又刮起了崇拜罗斯福的旋风,这个罗斯福不是30年前叱咤风云的老罗斯福,而是老罗斯福的侄子――罗斯福,罗斯福家中人才辈出,这一点不容我们忽视"。记者们纷纷采访罗斯福,并且拍摄了大量的照片,照片中的罗斯福神采飞扬。此时的罗斯福早已经成为了公众人物,受到媒体的广泛关注。罗斯福非凡的气质和特有的风度引起了民主党党魁们的注意。

罗斯福刚来到参议院不久,并没有做出重大的成绩。但是不久以后,他却使全国的舆论都开始注意起他来。

1913 年以前,墨菲掌握着奥尔巴尼的政治。他选中了威廉·F·希恩作为民主党的候选人,想让他进入联邦参议院。

希恩是一个趋炎附势的小人,他的政治品质极坏,在他的政治生涯中曾经有一段不为人知的历史。他最大的愿望就是能进入"世界上入会限制最严格的俱乐部"——联邦参议院中,这对于他来讲是人生中最大的事情,他会为此事奋斗一生。他曾经许诺如果坦慕尼能让他进入参议院就职,那么他会感激坦慕尼一辈子,牢记坦慕尼的栽培之恩。

罗斯福感到进退两难,经过仔细的斟酌加上对希恩的了解。罗斯福大胆的站到了反叛者的一边。但是,他现在不能为了自己的前途,做

出昧良心的事情。

通过选举,罗斯福被推选为反对派的领袖,代表反对派和坦慕尼派进行了谈判。在参议两院联席会议表决时,罗斯福代表反对派发表了宣言,在宣言中指出为什么他们拒绝参加党的会议,并充分地说出了理由:"我们要选的代表应该是能充分地为人民服务的人,而不是趋炎附势的小人,这样的人只能用其他的方法来获得选票,我们反对这样的人进入政治界。我们要保持政治界的清正廉洁。"罗斯福激昂愤慨的演讲成为了报纸的头条,引起全国对反对派的普遍同情。

因为罗斯福作为反对派把票投给了其他人,所以希恩因缺少票数而无缘政界。罗斯福所代表的反对派的行为激怒了坦慕尼派,他们不甘心就这样咽下这口气,在此前从来没有人敢跟他们对抗,他们决定要给反对派点颜色看看。

他们用尽各种花招进行报复,坏消息接二连三的传到反对派的耳中,但是反对派并没有屈服。坦慕尼派领袖墨菲亲自出马劝说罗斯福,罗斯福坚决地说:"不可能,箭已经离弦,不可能收回。"墨菲气得咬牙切齿,发誓一定要让罗斯福付出代价。于是,罗斯福受到了"各种可以想像得出的报复"。

反对派受到了严重的威胁,总是遭到暗算,一波未平一波又起,使得反对派的人很苦恼。有的人自己经营的企业在进货或者出货方面遭到阻碍,有的人的贷款被催还。罗斯福早已预料到墨菲不会轻易地罢手,他煞费苦心四处奔走,尽可能的帮助反对派的成员解决困难。对处境艰难、生活困难的人,他给筹款接济;对于那些遭到报复后,意志消沉的,罗斯福就在言语上给予鼓励。

看到罗斯福依然不肯认输,坦慕尼派更加疯狂地进行打击活动,甚至

二战浪漫曲

编顺口溜对罗斯福进行谩骂。

斗争在不断的进行,全国许多人士都支持反对派,强烈谴责坦慕尼派。罗斯福收到了很多支持者的来信,在信中都赞扬罗斯福。

这件事情在全国引起了轰动, 全国的各大报纸也都详细地报道了这次斗争。

最让罗斯福感到欣慰并且受到鼓舞的是西奥多·罗斯福从萨加莫山给他寄来了一封信,其中有这样的一句话:"我支持你的行动,你不在恶势力面前低头,为我们罗斯福家族争得了荣誉,我们罗斯福家族的人为你的举动感到骄傲,愿你在这条路上一路顺风。最后代我向埃莉诺问好,告诉她,我非常的想念她。"

双方的争执持续了很久,直到最后反对派也没有屈服,坦慕尼肖不得不放弃希恩,同意了另一个折中的人选。罗斯福在这次斗争中表现出色,为他以后的政治道路做了很好的铺垫。

通过这次事件,罗斯福在尔虞我诈的环境中得到了一次难得的锻炼。罗斯福通过自己的智慧和努力成功地促成关于直接选举联邦参议员的宪法修正案的决议。

在参议院里,罗斯福在工作的同时也仔细的琢磨怎样和不同阶层、不同领域的人打交道。在处事的过程中,罗斯福还认识到,有时候妥协在政治斗争中也是非常重要的手段。

多年之后,在参议院的弗朗西斯·帕金斯回想当时的罗斯福时,给予这样一番评价:

"罗斯福在参议院工作时的情景,我是记忆犹新。那时罗斯福很年轻,他没有什么特别的地方,直到后来他的才华才显现写出来,他不喜欢微笑,总是装出一副严肃的表情,他有个坏习惯:爱仰头,我们说都不知道他仰头在想些什么。他还不谦虚,可能是由于年轻的缘故吧,给我们的感觉就是他把谁都不放在眼里,特别高傲。"

尽管这时的罗斯福还不成熟,但是在工作中他得到了宝贵的从政训练,并在长此以往的实践中有了敏锐的洞察力仅是当参议员已经不能满足罗斯福的雄心壮志了。

在1911年,罗斯福前去拜会了当时新泽西的州长威尔逊。威尔逊在学术界很有影响力,曾经担任过教授、大学校长。威尔逊有很高的学术造诣和政治才能,虽然他当州长只有短短几个月,但是却取得惊人的成绩,在他的带领下新泽西州的面貌焕然一新,赢得了全国最进步州长的声誉。威尔逊是一位坚韧不拔又个性鲜明的人,嫉恶如仇的他对垄断资本家持一种痛恨的态度,坚决对这种人影响政治不予半点的容忍。这一点使当时的罗斯福对他非常有好感。

威尔逊和罗斯福都是民主党人,而且他们都是同一种类型的人。威尔逊曾说:"政府的职责就是要为人民服务,铲除政府内部的恶势力,我们要保持政府内部的清正廉洁。"因此,他发誓,一定要铲除政府机构中的结党营私,不顾国家法纪的党魁,以便让"政府机构能真正的为人民服务"。

1911年的夏天,威尔逊准备竞选总统,罗斯福全力拥戴威尔逊。他们有共同的背景,共同的追求,他为威尔逊的竞选活动东奔西走,这样他可以在活动中学习到更多的经验,为他以后竞选总统打好基础,同时他还有机会参与到全国性的政治活动中来了。

罗斯福来到了威尔逊简朴的办公室,经过简单的交流,罗斯福被眼前的威尔逊独特的个人魅力震撼了。威尔逊有学者的风度、学识渊博,对问题有独到的见解,这些智慧深深地吸引着罗斯福。而在政见方面的相合之处更是让罗斯福有找到了知音般畅快淋漓的感觉,罗斯福高兴地说:"威尔逊是靠理性使人折服的人。"在罗斯福的心中一直这样认为,靠情感来使人折服是伟大的,靠理智来征服别人的人更让人信服。他相信威尔逊一定能够在竞选中脱颖而出,成为一位伟大的总统。

1912年开始了新一届的总统选举,西奥多·罗斯福成为进步党候选人,他已经从共和党中分裂出来,塔夫脱为共和党候选人。这种分裂给威尔逊竞选提供了很好的机会,罗斯福积极地为威尔逊的竞选四处奔走。

此时的埃莉诺感到左右为难,一方是她崇拜的西奥多·罗斯福叔叔,在她很小的时候就崇拜他。一方是自己的丈夫,而她的丈夫偏偏去支持叔叔的竞争对手威尔逊。经过一番思考,埃莉诺认为自己是罗斯福的妻子,必须站在丈夫的立场上。这不禁让人想起《纽约论坛报》记者路易斯·豪在给罗斯福的一封信中称他为"未来的总统"。

1926年民族党代表大会胜利召开。在会场上代表们激烈地讨论着,他们有各自支持的人选,有的甚至大打出手。罗斯福格外的镇定,他斗志昂扬,他有的时候指挥着拉拉队为威尔逊呐喊助威,有的时候在会场中走来走去与来自全国各地的民主党名人们谈笑风生。

竞选在紧张地进行着,当第十轮投票结束时,被雇佣来支持克拉克的人们开始呐喊,以此为克拉克拉票。罗斯福早已经知道有人会进入会场为克拉克助威,他也早已在会场外做好了准备。罗斯福知道如果威尔逊当选,那么他在政治上的道路会更加的顺利。所以这不仅仅是党派间实力的较量,同时也是智慧的角逐。当克拉克的"雇佣军"进入会场时,罗斯福就让他自己雇佣的拉拉队也进入会场,罗斯福的人一进入会场就高喊着:"我们支持威尔逊,我们要威尔逊。"两派的呐喊声不断,由于罗斯福雇来的都是年轻力壮的人,所以声音超过了克拉克的支持者们。

克拉克的"雇佣军"大吃一惊,他们不知道罗斯福雇佣的人怎样进入会场的。双方甚至动用了武力，由于罗斯福雇佣的是年轻力壮的彪形大汉，因此，克拉克的"雇佣军"丝毫没有占到便宜。灰头土脸地溜出了会场，罗斯福一方取得了胜利，这是一场漂亮仗。罗斯福带领雇佣的人继续为威尔逊呐喊助威，看着支持克拉克的高级指挥官狼狈的样子，罗斯福很高兴。

会场的秩序被闹得一团糟，会议主席不得不宣布会议择日再开。在这场较量中威尔逊的形式依旧不容乐观。威尔逊所得票数仍然少于克拉克。罗斯福立刻同他的同伴们在会场内外为威尔逊游说，希望得到更多的票数。在他们的宣传鼓动下，很多人把本想投向克拉克的票转而投向了威尔逊，威尔逊的竞选朝着有利的方向发展了。在威尔逊竞选总统的过程中，罗斯福立下了汗马功劳。会议在星期一继续召开，一名代表不顾阻拦登上了演讲台，他激情飞扬的说道："我要把我的选票投给同样是进步人士的威尔逊，即使百分之九十的选票给了克拉克，我依然坚持我的原则，我要选出我心里理想的候选人，那个我认为最进步的候选人，他就是威尔逊先生。"

会议室里鸦雀无声，这位代表话语在会场里回响。霎时间，会场上响起了暴风雨般的掌声。

在第14轮投票时，内布拉斯加代表团团长布莱恩把最关键的一票投给了威尔逊，使得原先占优势的克拉克并没有获得三分之二的多数。最终，威尔逊战胜了克拉克，成为民主党总统候选人。

兴奋不已的罗斯福把喜讯告诉妻子埃莉诺，在我的积极努力下，威尔逊获得了提名，我的计划胜利完成。

投入到助选活动中。在与克拉克的竞争中取得了胜利，增强了罗斯福的信心和斗志。他决定要帮助威尔逊登上总统的宝座。他开始四处宣讲全国的竞选形势："在共和党内，西奥多·罗斯福已经成为了总统候选人，他是一位彻底的改革派，民主党内的进步人士有可能会把选票投给西奥多·罗斯福,形势对我们很不利,我们必须推出威尔逊!"

正当罗斯福准备把威尔逊推向顶峰的时候,意外的事情发生了。罗斯福染上了伤寒病,连床都起不来了。面对复杂的竞选形势,罗斯福万分的焦急。万一威尔逊不能登上总统宝座,那他所说的话就会全部落空,自己先前的努力就会功亏一篑……

罗斯福不甘心放弃这一切,锦绣前程就在眼前,自己却没有能力抓住。他不想放弃绝好的机会。

罗斯福从来没有向任何困难低过头。然而现在,小小的伤寒病却有可能影响他的前程。如果威尔逊不能当选为总统,他就不可能去政府担任要职了,有可能连议员都不能再当选了。罗斯福焦急万分,寝食难安。就在近乎绝望的时候,他想到了《纽约论坛报》记者路易斯·豪。

路易斯·豪曾用"未来的总统"来称呼他。雄心壮志的罗斯福对这样的语言非常高兴,路易斯·豪给他留下了深刻的印象。如今自己大病未愈,不能亲自帮助威尔逊,唯有拜托善于言辞的路易斯·豪了。

路易斯·豪的父亲爱德华·波特·豪,曾参加过南北战争。由于爱德华·波特·豪在战争中表现出色,当上了一名上尉并与一个银行家的女儿结了婚。

路易斯·豪从小发育不良,面色苍白,体态弱小,不能进行运动量大的活动,包括远足。他只能每天把自己关在房间阅读书籍,并且越来越喜欢看书。从读过的书本里,他认识了很多英雄。他相信英雄人物是推动历史前进的动力。

从小发育不良,导致他长大后也没有改变,他大大的头,细细的脖子。很多人都说,头大的人会很聪明,路易斯·豪就恰好是真实的写照。

路易斯·豪与格雷斯结婚之后,开始投资房地产,赚了一笔数目不小的钱。到了 1871 年,路易斯·豪的经营规模扩大,赚得了更大的利润,他的固定资产已经具有整整一条商业街区的地产了。

此时的路易斯·豪已经走到了人生的高峰时刻,一家人过着其乐融融的日子。好景不长,1873 年,在经济萧条的大背景下,路易斯·豪变得倾家荡产,还欠了一万多美元的债。没有了金钱,也就没有了社会地位,每天都有人来上门讨债。最后这家人连吃饭都成了问题。在走投无路的情况下,路易斯·豪想起了自己的一个亲属在纽约州,他可以在那里避难。随后几年经过努力他买下了《萨拉托加太阳》周刊。

路易斯·豪一直很努力的承担着家庭的责任,每天都辛辛苦苦地不停地工作,为了自己的儿子能过上幸福的生活,他再苦再累也心甘情愿。他希望儿子能上大学,最好是上耶鲁大学。但是孩子从萨拉托加学院毕业后,因为经济拮据,他已经拿不出什么钱来供孩子继续读书了。

当时,纽约州的大权是掌握在共和党人手里的,对于民主党的周刊《萨拉托加太阳》不屑一顾,所以路易斯·豪的工作很难做,常常入不敷出,生活更加艰难了。

为了自己一手经营的周刊能够继续维持下去,他卖掉了新居、失去了对周刊的控制权,并在不久后降职为记者。路易斯·豪对此很恼火,但又很无奈,家庭的负担更重了。虽然路易斯·豪是个坚强的人,但是生活中的许多事情让他欲哭无泪。

心灰意冷的路易斯·豪有一段时间迷上了赌博,消极生活,他抱怨命运对自己不公。每当赢钱的时候他就兴高采烈,输了钱的时候,就垂头丧气。他不知道他除了这些还能做些什么呢?上天不会让一个人永远的生活在痛苦中,在他最困难的时候给了他点手气,每次都会赢得数量很少的钱。但是有一次却让他一次赢得了 200 多美元,就连赛马时也赢了一点儿钱。路易斯·豪清楚地知道，仅靠一时的运气过日子并不是长久之计，于是他又开始寻找新的工作。最后成为了纽约《论坛报》的一名报道员，对于一个有家室的人来说，微薄的薪水只不过是杯水车薪。

一次偶然的机会，他成为奥尔巴尼的助手。并寻找着一切可能存在政治秘闻的地方，甚至包括垃圾桶中的文件，有时会在议会地下室里待上一天的时间路易斯·豪有聪明的头脑和渊博的知识，很能挖掘新闻，因而奥尔巴尼的同事们称他为"水耗子"。

路易斯·豪的笔锋犀利，完全不给任何人和事留情面。如果有人成为路易斯·豪笔下的人物，那么他有两种可能，一种是上天堂，一种是进地狱。可能由于路易斯·豪在长期工作中的劳累，导致他的身体越来越坏，这令原本其貌不扬的外貌更加不堪入目。

上帝在创造他凄惨外貌的同时，也给了他睿智的眼光。所以，当他第一眼见到罗斯福的时候，就清楚地知道罗斯福非池中鱼，以后肯定会成就一番大事业，所以在给罗斯福的信中，他称罗斯福为"未来的总统"。后来的事实证明路易斯·豪的眼光是正确的，他紧紧地跟随在罗斯福的身后，为罗斯福的发展奉献着自己的一生，在跟随罗斯福的同时，他也实现了自己的人生价值。

路易斯·豪还有一个很古怪的称号——"中世纪的守护神"。这可能跟他不足 5 英尺的身高和瘦骨嶙峋的身材有关。

然而，就是这样的一个人成就罗斯福的政治生涯。当他得到罗斯福要见他的消息后，来到罗斯福的病榻前并向他请教，如何在不露面的情况下展开竞选活动。

以前还是记者的路易斯·豪，在报道的过程中知道太多的竞选内幕，所以在竞选方面有自己独到的见解。虽然他的生活很悲惨，作为丈夫，他要承担照顾妻子的责任,作为父亲,他要为孩子树立榜样。这么多年,他一直在等一个人,一个能帮助他的人,能实现自己抱负的人。直到有一天他接到了一个通知,他知道能帮助他的人终于出现了,那个人就是罗斯福。

有些事情正是因为巧合才使事情变得更有意义。正是因为这次简单的见面,才奠定了路易斯·豪施展抱负的基础。当时路易斯·豪看到风度翩翩、满腹经纶、身上还一种王道气质的罗斯福,知道罗斯福有可能就是自己的"伯乐",但是一直苦于没有和罗斯福再见面。这次罗斯福的主动邀请使得路易斯·豪喜出望外,马上"复命"。

当时的路易斯·豪已经 40 多岁了,中国有句古话:"三十而立,四十不惑,五十知天命……"意思就是男人在三十岁的时候就应该有所建树了。但是路易斯·豪已经 40 多岁了,还是一无所成,没有固定的职业,负债累累,甚至有的时候全家都要忍冻挨饿,为此路易斯·豪也经常怨天尤人。他希望自己有一天能够出人头地,不再为生活奔波,而这一切直到他 40 多岁的时候都没有实现。

由于他丑陋的外表加上寒酸的举止,权贵和富商不喜欢和他结交,甚至看见他都要躲起来,所有的一切使他的梦想无法实现。

上天给了他平凡的外表却也给了他睿智的头脑和眼光,他不想一生都这样下去,他不甘愿于为别人服务,他也曾渴望参加竞选,可是他没有机会。现在他把自己的梦想都寄托在罗斯福的身上,他知道以罗斯福的王者风范加上他的聪明智慧,罗斯福日后肯定能成为美国的总统。那么他也就自然而然的成为功臣,这样也实现了自己的人生价值和心愿。

罗斯福不能在一线为威尔逊助选了,所以路易斯·豪这次的任务很重,他不仅要帮助罗斯福竞选州议员还要帮助威尔逊竞选总统。

在帮助威尔逊竞选总统方面,路易斯·豪他将法案印刷了很多份,邮寄

二战浪漫曲

了农场主,后面还备有一份贴有邮票的信封,旨在让农场主为该法案提出点意见,路易斯·豪对威尔逊竞选总统竭尽全力,因为威尔逊的竞争对手是共和党的西奥多·罗斯福,对这样的一位竞争对手,路易斯·豪不可掉以轻心,要做到万无一失。

在竞选总统时,威尔逊说:"我坚决地反对私人垄断,如果我能当选为总统,那么我将毫不留情的解决这个问题。"小企业的管理人纷纷把选票投向了威尔逊。

看到罗斯福在生病期间还在尽心尽力为威尔逊拉选票时,民主党成员都对罗斯福称赞不已,赞扬道:"这个年轻人公私分明,有自己的立场,有独到的见解。"

罗斯福的妻子埃莉诺曾经笑着问他:"你尽心尽力的帮助威尔逊,而且为了他还说了西奥多·罗斯福叔叔的坏话,你不怕西奥多叔叔生气吗?你可是很崇拜他的啊!"

罗斯福抚摸着妻子的肩头说:"西奥多叔叔是最懂得政治奥秘的,他不会因为我说了不利于他的话而责备我的,反而他会夸奖我做得好呢。"

1912 年的大选结果出来了,民主党的威尔逊获得了 600 多万张选票,占到总选票的 40%还多,威尔逊以绝对优势获得了胜利,当上了美国总统。

罗斯福由于生病不能亲自参加州议员的竞选活动。竞选活动完全的包揽在路易斯·豪的身上,路易斯·豪没有辜负罗斯福的期望,他把每次的竞选都搞得非常好,总能取得令人满意的结果。在路易斯·豪尽心尽力的帮助下,罗斯福又一次当选上州议员,此时的路易斯·豪已经成为罗斯福忠实的朋友,成为罗斯福日后通向白宫的忠实助手和顾问。

罗斯福在担任农业委员会主席之后推行了一系列农业和生产相关制度上的改革。在罗斯福的努力下,这些改革取得了良好的效果。使得罗斯福的声望越来越大。

人生的阅历对每个人都是很难重要的,罗斯福在纽约州当参议员期间学得了很多为人处世的道理,也从中总结出很多的经验,这次罗斯福日后从政提供了宝贵的财富。

这次升职对罗斯福来说是一次考验,也给他上了一堂全面的、生动的政治教育课。在工作期间,罗斯福虚心地向别人学习,从中观察每个人的处事态度,从他人身上学得很多的道理,聪明的头脑使他进步得飞快。

长时间的学习使得他在工作中能应付各种突发事件,他学会了怎样用语言既能说出了事实的真相又能不惹恼别人,他还学会了与本地党人中最有影响或被奉为首领的人去打交道,学会了如何避免影响自己前途的纠纷中。

他不仅学会了处事的技巧,更重要的是他记住了一句他认为必须知道的一句话:政治斗争不仅是两党之间的斗争,本党之间也存在着激烈的斗争,它需要考虑的问题是方方面面的。

无论是什么棘手的事情,在罗斯福的手中都可以得到很好的解决,并且能处理地很完美,他力求做事谨慎,干净利落。不让自己在社会上被淘汰,这种工作上的努力使他成为了一个闪耀的人物。

威尔逊成功当选美国总统,论功行赏的时候也到了,曾经支持他竞选的人都得到相应的回报。他知道罗斯福对航海和海军很感兴趣,还有驾船的经验,同时又是阿尔弗雷德·马汉大海军理论的支持者,况且小时候的梦想是当海军。

1913 年 3 月, 罗斯福乘坐火车前往华盛顿参加威尔逊总统的就职典礼。在车厢中见到了即将出任财政部长的威廉·G·麦卡杜,二人相见甚欢。从谈话中威廉·G·麦卡杜知道罗斯福头脑灵活、处事谨慎,希望罗斯福能为

二战浪漫曲

他所用,就诚恳地邀请他担任一些职位。但罗斯福的志向不在金融行业,于是婉言谢绝。

威尔逊就职的当天,很多人来参加总统的就职的典礼。威尔逊身穿西装,踩着红地毯来到了白宫,举着香槟酒表示对出席典礼的宾客致以谢意。散席以后,新任海军部长约瑟夫斯·丹尼尔斯来到了罗斯福的跟前,邀请罗斯福出任海军部部长助理一职。他喜欢罗斯福的进步思想,跟党魁斗争的勇气以及奔放的热情。

由于罗斯福工作的原因,他们一家又搬到了华盛顿的"小白宫",这幢楼房是麦金莱总统在遇刺以后搬出白宫后所居住的房子,因此有"小白宫"之名。

华盛顿是一个繁华的城市,罗斯福为了维持体面,有时会请十几个仆人,这是一笔巨大的开销,尽管他的年薪有5000美元,再加上夫妇俩的财产收入一年共达20000多美元,但是生活还是很拮据,常常入不敷出。这时萨拉就会主动的寄些钱来,补贴家用。

埃莉诺为罗斯福的事业付出了很多,罗斯福作为公众人物,经常要出席一些聚会的场合,小时候的阴影一直在埃莉诺的心中缠绕,她害怕见到陌生人。但是为了罗斯福,她克服了腼腆和羞怯,勇敢地承担起陪同罗斯福进入公共场合等社交方面的重担。她说:"我现在完全习惯了,我不怕别人在背后说我长得丑陋,我做的这些只为罗斯福,我要尽可能的帮助罗斯福取得成功。"

罗斯福上任之后,仔细地考察海军建设情况,深入士兵中体察民情。发现海军不仅设备陈旧,还有很多的陈规陋习,船厂的工作效率极低;发过来的文件不能及时到达。面对这样的困境,罗斯福认为这非常危险,一旦开战,那么美国以现在的实力根本不可能取得胜利,必须要采取措施进行弥补。

尽职尽责的罗斯福给约瑟夫斯·丹尼尔斯写了信，信中发泄自己的不满。丹尼尔斯让罗斯福全权代理自己处理海军事务。

罗斯福开始着手对海军进行改革，他不辞辛苦地检查造船厂，换掉陈旧机器，提高工作效率。通过几个月的努力，原来乌烟瘴气的造船厂呈现欣欣向荣的新景象。

罗斯福视察海军舰队后，很不悦地说：“我对海军估计过高，原来它是这样破烂不堪，我们之前总是号称自己的军舰有四十几艘，而能使用的就只有十几艘，我们的海岸线那么长，已经达到了 2000 多英里，却只有千分之一的海岸线有炮兵防守，如果敌人一旦来犯，我们将怎样抵御敌人的进攻。”

海军部部长约瑟夫斯·丹尼尔斯是和平主义者。他的疑心很重，总是怀疑别人是否肯定他的能力。总觉得对他说的每一句话，那些将领们都不会赞同，为此他还郁闷好长一段时间。而崇拜美国名将阿尔弗雷德·马汉的罗斯福却恰恰相反在就职后不到一个月，就发表了“关于建立强大海军”的演说。

在任职期间，罗斯福凭借自己的智慧与投机倒把的制造商、黑心的矿场主、投机商、经纪人等进行正面的交锋，丝毫不肯让步。

解决了外部问题后，他又发现海军内部的问题依然不少——溺水事故太多。要想把这个问题彻底地解决掉，只有一个办法就是教会士兵学会游泳。为了让士兵尽快的学会游泳，罗斯福绞尽脑汁，做出了很多你努力，并亲自示范游泳的动作，还加大力度宣传补救措施。除了这些，罗斯福自己也在增加海军方面的知识，还经常撰写一些论文，分析海军情况。

罗斯福在任期间不仅改变了海军的素质，也提高了办事效率。罗斯福

二战浪漫曲

的成功离不开威尔逊总统的信任，当然也离不开路易斯·豪和埃莉诺的鼎力相助。

路易斯·豪在罗斯福竞选参议员和威尔逊竞选总统的过程中，出了不少的力气。也是该回报路易斯·豪的时候了，在罗斯福担任海军部长助理不久，就任命路易斯·豪为海军部秘书长。从此，路易斯·豪成为了罗斯福手下的得力干将，路易斯·豪也从穷困潦倒走上了政治的道路。

罗斯福在事业上取得了成功，在功劳册上首先就应该有埃莉诺的名字。埃莉诺自从嫁给罗斯福以后，就把罗斯福当作自己的天，无论丈夫做什么事情，他都全力的支持。埃莉诺担任着两个角色，一个是温柔贤淑的妻子，一个是精明能干的得力秘书。罗斯福的一些事情都要由细心的埃莉诺提醒。

毕竟实践才是标准，不能认为从书本上学到的东西就是对的，要经过自己的实践证明它是对的。罗斯福真切地知道这一点，所以罗斯福在担任海军部部长助理不久就亲自来到海军部做具体的检查，他担任海军部长助理期间，正是第一次世界大战的紧要时刻，罗斯福更是深入前线，和普通士兵进行交流，了解战争中美国海军的不足之处，尽快的弥补损失。

爱的裂痕

第一次世界大战爆发,美国作为中立国观望局势。在战争接近尾声的时候,美国加入了协约国一方,原因是德国海军竟然在几个月的时间里击沉了数艘美国商船,这使美国无法忍受,美国毅然放下中立的旗帜,对德宣战。此时已升为海军部副部长罗斯福的工作更加繁忙了。

罗斯福再度当选为参议员以后,埃莉诺同罗斯福一起到了华盛顿,负责照顾丈夫和孩子们。在华盛顿生活期间,埃莉诺再次怀孕了,此时她已经是4个孩子的妈妈了。为了照顾孩子和罗斯福的生活,埃莉诺请来了年轻漂亮的露西·佩奇·默塞尔。然而露西与罗斯福两人在交往中却产生了爱意。埃莉诺发现了他们暧昧的关系,才使这一段恋情草草结束。

作为贤妻良母的埃莉诺,自从露西成为了罗斯福的秘书以后,她就知道这种事情是迟早要发生的,但是她没有想到事情会发生的这样快。其实他们夫妻早在露西来到之前,感情就已经出现了裂痕。由于工作的需要以及政府待遇的提高,罗斯福一家人搬进了豪华的别墅中,这是埃莉诺想都不敢想的事情。埃莉诺精心布置家庭中的一切,把孩子们的卧室布置的温馨舒适。唯独把罗斯福的卧室布置在了一个清净的角落,而且距离她的卧室非常的"遥远",这使得罗斯福很不高兴,然而随着露西的出现一切都变得不一样了。

露西出身名门望族。她的家教很严,在她十几岁的时候,她就已经读过很多关于美国历史的书籍。在大学期间她进入美国上流社会的学校,受到良好的教育,并且在华盛顿的上流社会,很多人都知道露西的名字。后来父母双双离开了人世,她再也过不上丰衣足食的生活,被迫无奈开始寻求工作。

罗斯福于 1920 年离开了他海军局部的宝座,成为副总统候选人,而提名他的是民主党。同年第 19 届宪法修正会议通过了美国女性公民获得投票权,这是美国历史上女公民首次获得投票权。但是她并没有原谅罗斯福在情感上给她造成的伤害,在她的心中始终无法抹去丈夫婚外情的阴影。

埃莉诺对于丈夫的这种行为不能理解,她认为是丈夫在报复他,渐渐地产生了离婚的想法。

罗斯福在法国视察期间得了双叶肺炎,在回国的途中经过船上的颠簸,病情更加的严重。埃莉诺得知后去帮他收拾东西,结果收拾除了一封露西的情书。此时的埃莉诺终于明白,他的心里已经没有了自己的位置。虽然他们曾经相爱过,她为他生儿育女,为他承担起家庭的重任。但是她不要委曲求全的生活,她愿意成全罗斯福和露西。于是她提出和罗斯福离婚。

路易斯·豪知道此事后,非常的着急,他不能看着自己多年对罗斯福的努力化为乌有。路易斯·豪决定分步骤劝说罗斯福和埃莉诺。首先,他找到闷闷不乐的埃莉诺,他知道作为母亲最放不下的就是孩子,便从这个角度入手,对她恳切地晓以利害:"您想过吗,如果您现在做出这样的决定,富兰克林的政治生涯和您自己的事业将会遇到怎样的波澜? 而孩子们又会受到人们怎样的眼神? 他们也许还不懂得这件事当中您所受到的委屈,但是您愿意让他们从这个年纪就开始承受别人的非议吗? "

随后,路易斯·豪又找到罗斯福进行长时间的交谈,希望他们根据家庭情况和社会背景慎重、理智地考虑这个问题。

随后埃莉诺找到了露西,露西对埃莉诺的突然到访很惊讶。

埃莉诺同她讲了许多的事情,包括罗斯福的梦想还有埃莉诺这几年为罗斯福默默无闻不求回报的付出，深深地感染着露西。最后埃莉诺说："我听说你信教，那么你能忍心破坏别人的家庭吗？"

露西的心颤抖了，她能把自己的幸福建立在别人的痛苦之上吗？如果她坚持的话，罗斯福的政治生涯就会毁誉一旦，她不能毁掉心爱的罗斯福的政治前途。她静静地坐在床前看着她和罗斯福的合影，两人挨得很近，笑得很开心，一滴泪水轻轻地划过脸颊落在了照片中罗斯福的脸上，罗斯福也"流泪"了。

路易斯·豪向露西透透露，现在罗斯福处于关键时期，任何的丑闻都能将他打倒，露西没有其他的办法，为了罗斯福的前途，她只有委曲求全了。两年后，她嫁给了一个庄园主，丈夫比她年长。结婚之前，她含泪写了一封信托路易斯·豪转交给罗斯福。然而埃莉诺却没有再次接受罗斯福的感情，爱情是美好而脆弱的易碎品，破碎后便无法再合二为一。曾有报纸刊登了露西写给罗斯福的一封情书，据说这封情书还是从罗斯福女儿的废纸堆中发现的。在这封信中露西表达了对罗斯福的思慕之苦和关怀之情，并切实地对他的事业提出了种种积极的意见和劝谏。

一个男人要想成就大事业就应该知道美人与江山不可兼得，他会为了自己的事业放弃自己心爱的女人，而一个女人却可能因为一个男人而放弃属于她的幸福。罗斯福最终选择了埃莉诺。但是露西的离开仍然让罗斯福心情很糟糕，当他再次向埃莉诺表达爱意的时候，埃莉诺婉言地拒绝了他。然而罗斯福的感情很丰富，他每天都需要爱情的滋润。在晚年他又和露西重燃旧情，很长时间以来甚至直到去世，露西都成为了他身边最为重要的一位伴侣。

噩运来临

　　1920 年以后,罗斯福暂时退出了政界,回到了纽约与朋友一起成立了埃米特马文罗斯福法律事务所。罗斯福对法律不感兴趣,而且他认为这个领域没有竞争力,也不刺激。他想做赋予挑战性的工作,与法律相比,他更想进入金融领域中一显身手。

　　机会很快就到来了,罗斯福在游艇俱乐部的伙伴范·李尔·布莱克要在纽约开一个分公司。他盛情邀请拥有丰厚人望的罗斯福前来自己的公司加盟,他认为以罗斯福的能力和智慧,一定可以在这个职位上有所作为。而且为他开出的报酬也是相当丰厚的,年薪为 25000 美元,是他当海军部长助理时年薪的 5 倍之多。

　　罗斯福高兴地接受了这项工作,因为不仅可以增加收入,而且还可以在金融领域发挥自己的才能,何乐而不为。罗斯福每天都很忙碌,他上午去信托公司上班,下午就到律师事务所去。紧张的工作使罗斯福消瘦了许多,但是罗斯福不以为然,他喜欢忙碌的生活节奏。

　　让罗斯福更为欣慰的是:他的孩子们慢慢地长大成人,为生活增添了很多色彩。大女儿安娜 15 岁了,已经成为一位漂亮的姑娘了,并且和她的母亲一样学识渊博,大家都会亲切地称她为安娜小姐;他的儿子詹姆斯现正在格罗顿学校上学,长得也是仪表堂堂,很有罗斯福年轻是的气魄,他的成绩很优异,每次都是班级的前 5 名。比起詹姆斯,埃利奥特就不是很听话,他总是不听管束,还常常欺负比他小很多的弟弟。

尽管罗斯福的工作很忙，但是他总要抽出时间陪在孩子们的身边，他明白自己作为一个父亲应尽到的责任。他经常对孩子们进行教育，向他们传授知识。罗斯福还经常把自己的经验从侧面传达给孩子们，避免他们在人生的道路上走不必要的弯路。

罗斯福总是喜欢冒险的职业，其中包括海外投资。在其他人的眼中，罗斯福是个不顾一切的投机家。他很少在一笔买卖上投资很多钱，使得他虽然进行很多次的商业冒险，却没有获得暴利的原因。同时他也很少遭到巨大的损失。

同时罗斯福还进行一些社会活动并且担当着一定的职务。包括海军俱乐部的主任，大纽约童子军俱乐部主席等。

天有不测风云，人有旦夕祸福，正当罗斯福豪情万丈的投入新的工作时，一场巨大的灾难降临了。

罗斯福是一位和蔼可亲的父亲，他要让孩子们做勇敢的事情。一次周末，全家人开着维力奥号来到海上游玩，罗斯福教孩子们学习驾驶船只的知识，还讲述了他当海军部部长助理的一些事情，孩子们认真地听罗斯福绘声绘色的描述，为拥有罗斯福这位伟大的父亲而骄傲。他和他的孩子们玩得很尽兴，但是没想到，这次游玩却成为了他最后一次亲自驾船外出的经历。

在返回海边别墅的路上，一家人偶然发现，附近的一座小岛上冒出了浓烟，根据经验判断是山火出现的罗斯福马上做出决定，带着孩子们靠岸，并用船上的各种工具奋力扑救，经过一段时间的努力，火终于被扑灭了。又熏又烤之下，几个人无不汗流浃背灰头土脸，罗斯福的脸上被浓烟熏得很黑，加上流淌下来的汗水，罗斯福的脸变成了"地图"，滑稽的样子惹得孩子们咯咯的大笑起来。因为劳累，里外几层衣服都被汗水浸湿了，这使罗斯福很难受，他决定跳进旁边的湖中洗个澡。然而此时已经是深秋，湖水又格外寒冷,在水中的罗斯福感到身体发麻,无法缓和,甚至连知觉都渐渐丧失。寒冷入侵了内脏,他忍着剧烈的震颤,在孩子们的帮助下才从湖中回到岸边,然后就一头栽倒在地了。

夜里,罗斯福躺在床上一动不动,他在发高烧,体温已经达到了华氏102度,意识也开始模糊,无法控制自己。看着痛苦的罗斯福,埃莉诺心急如焚,她赶忙请来了最好的医生,贝内特大夫对罗斯福进行仔细全面的检查,并给罗斯福打了针,还开了一些药剂。但这些对罗斯福的病情没有起到一点的效果,他仍然高烧不退,并且病情还有加重的迹象,剧烈的疼痛从腿部扩展到他的背部。罗斯福每天在疼痛中挣扎。不久,罗斯福感觉到他的胸部以下完全动不了了。无计可施的贝内特医生尝试着为他换了药剂,但是一点效果都没有。

到了第三天,罗斯福颈部以下的所有部位都麻木了,包括一向灵活的手指都不听他的指挥了。路易斯·豪知道了罗斯福的病情后,特地从别的地方请来了著名诊断专家威廉·W·基恩,经过初步的诊断,基恩断定罗斯福的病,是脊髓灰质炎。这个消息对于罗斯福来说犹如五雷轰顶,他才39岁,他的远大理想还没有实现,他不甘心就这样一辈子坐在轮椅上。医生告诉罗斯福并不是没有希望治愈,这个消息多少让罗斯福抱有一丝希望。医生建议罗斯福每天要至少按摩3小时,以促进血液循环。在治理期间,一定要有专人负责罗斯福的起居,要精心护理,还要经常到户外晒太阳。这个重担就落在了埃莉诺的肩上,两个星期的时间里她几乎不分昼夜的护理他。

为了能让罗斯福早日康复,埃莉诺精心护理着罗斯福,她每天都要用温水给他洗澡,喂他吃有利于身体康复的米羹。罗斯福因为病情打不起精神,整日闷闷不乐,埃莉诺想尽一切办法帮他打起精神,鼓励丈夫振作起来。埃莉诺因为医生们不能早日确诊罗斯福的病情而万分焦急,但是在罗斯福的面前必须时刻保持乐观的态度。埃莉诺苦苦思索，不知道此时谁还能帮助罗斯福，在最关键的时刻，她想到了罗斯福最忠实的朋友路易斯·豪。在罗斯福参加竞选的日子里，路易斯·豪给了很大的帮助。在这个时候能帮助罗斯福的只有路易斯·豪了。路易斯·豪没有犹豫，他立刻推掉了几份高薪工作，不分昼夜的守候在罗斯福的身旁。埃莉诺感激地说："路易斯·豪从那个时候起，就把我的丈夫当成他生命的一部分。"

时间如白驹过隙，罗斯福的病情不但没有好转，反而更加恶化，埃莉诺无奈之下，只好再次请来了威廉·W·基恩博士，博士对罗斯福的全身进行彻底地检查，得出的结论是：罗斯福是脊髓下部有血块阻塞，只有按摩的方法才能使阻塞的血块畅通，就要用更强有力的按摩来治疗。

基恩大夫的建议再一次被采纳了，埃莉诺增加了给罗斯福按摩的时间，从原来的 3 小时增加到 5 小时，可是随着时间的增长，病情却越发严重了。

罗斯福的双腿已经完全没有知觉，每天勉强可以坐在床上歇息一会。可是后来，罗斯福只能每天躺在床上，因为他脖子以下都变得僵直，就连双手也一样。

最令罗斯福无法忍受的是他每天都要靠导尿维持正常的生理排泄，每次都是撕心裂肺的痛。而且，他的背和腿一直都很痛，痛到罗斯福真想用自杀的方式结束痛苦的折磨。

罗斯福的肉体痛苦的同时，精神上也承受着巨大的折磨，这种折磨使罗斯福有好几次想用手枪结束自己的生命，罗斯福接受不了现在瘫痪的自己。之前还是一个神采奕奕，身强体壮的壮年汉子，前途似锦，而今却变成一个卧床不起，什么事都需要别人帮助照料，生活完全不能自理的残废人。这样的差距是每个正常人都难以接受的。

在瘫痪的初期，每天受病痛的折磨，罗斯福想了很多的事情，前途不抱任何希望,他认为"上帝把他抛弃了",剥夺他作为一个正常人的权利,使他最难以承受的是将他永远地拒绝在白宫门外。

值得庆幸的是,在埃莉诺和路易斯·豪的鼓励下,罗斯福很快就调整好了心态,重新找回了自信。虽然他的身体瘫痪,但是他的头脑依然的清楚,他每天坚持了看报纸,了解最新的国家政治信息。罗斯福的脸上开始有了笑容。

他用轻松的表情对洛维特说:"请您说出来吧。无论什么事实我都可以接受,最坏的结果就是我一辈子都这样。"

"是的,罗斯福先生,我想您有可能真的会一辈子都这样,因为这是小儿麻痹症。"

"我原本就是这样想的。"罗斯福看起来很轻松地说。洛维特建议罗斯福去纽约的长老会医院做进一步的检查。

小儿麻痹症的患者绝大多数是 7 岁的小孩,成年人得这种病并不常见。成年的罗斯福是不幸的,他竟然得了这种"娃娃病"。埃莉诺并没有嫌弃他,虽然她和罗斯福的感情出现了危机,但是她仍然爱着罗斯福。在罗斯福生病期间,埃莉诺日以继夜地守护在他的身边,不离不弃,给他最温柔、最坚定的照顾。罗斯福被感动了,这种照顾使他燃起了战胜病痛重新站起来的信念,为了妻子、孩子、还有最忠诚的路易斯·豪,为了自己的未来,他坚定了信念,要与病魔抗争。

每当意志消沉、失去信心的时候,罗斯福就不停的鼓励自己,我不会被病魔打倒的,我一定会战胜他! 他总是用这种方法鼓励自己。

很多事情说起来容易,做起来就非常的困难,罗斯福没有以前英俊潇洒的样子了,他现在需要别人的护理,这样的折磨对一个有着辉煌前途的堂堂男子汉来说无非是一种极大的打击。罗斯福总是喜欢闭起眼睛,让时间从回忆中度过。

　　他总是回忆起与埃莉诺相知、相恋的过程，那时的埃莉诺聪明，学识渊博，曾经用自己的真情实感打动了反对他们结婚的萨拉。在他去各地演讲的时候，总是为他做好了准备工作。他的演讲很有激情，受到了各地民众的热烈欢迎；他回忆起自己帮助威尔逊竞选总统的经过，路易斯·豪给了他很大的支持。他又回忆起露西，她差不多与埃莉诺一样高，他很爱她。罗斯福记得露西告诉自己，他是她今生唯一的挚爱，也是她今生最后的爱人……

　　9月初，罗斯福到纽约长老会医院接受进一步的治疗。在这里罗斯福接受了更为详细的检查。几位医生同时为罗斯福进行诊断，得出的结论是一样的——瘫痪已经完全形成。罗斯福将面对残酷的事实，他以后将要在床上度过自己的余生。

　　医生是了解病人的，医生的话可以"杀死"一个健康的人，也可以"拯救"一个垂死的病人。医生对罗斯福说："你不会成为残废。你的病情还是会好转的。"医生的话就像一针强心剂，使罗斯福冰冷的心又得到一丝的温暖。

　　面对罗斯福的病况，医生心里也是有些担忧的，他们害怕年轻的罗斯福真的会一辈子竖不起来。可是，医生不能把担心告诉罗斯福，不能把疑虑讲出来，不能让罗斯福承受病痛折磨的同时还要承受心里的压力。医生之所以这样说是让罗斯福对病情抱有希望，多一些勇气去面对他未来的生活。

　　医生在医疗报告中这样写道："罗斯福有聪明的头脑，巨大的勇气，巨大的抱负，同时还有敏感的神经细胞，我们已经用了最巧妙的语言，尽可能使他有勇气面对自己的未来。"

　　为了不让妻子和孩子们担心自己的病情，也避免自己胡思乱想，罗斯福开始回忆生活中美好的事情，他想到那个给他无忧无虑生活的海德公园，想到自己走到哪里都会像一颗高傲的星星，孤寂地闪耀光芒。有希望就会有奋斗的目标,有了奋斗的目标才有可能通向成功的彼岸,他不会轻易地放弃,直到现在他都没有放弃自己的梦想。

他时常想到战争中的人民,他们深受战争带来的痛苦,在战争中他们流离失所,无家可归,有的甚至在战争中受到了伤害,有的人没有了健全的四肢,有的失去了通向心灵窗口的眼睛,他们可能没有任何亲人在身旁照顾。罗斯福和他们相比是幸运的,因为他有妻子的呵护,孩子们的鼓励,还有路易斯·豪的忠诚,他应该满足了。

他还想到了之前竞选州参议员,他不顾亲情帮助威尔逊,换回了担任7年多的海军部部长助理一职……其中自己用了多少的手段,玩弄了多少的政治手腕。同时他还看到阴险的手段和黑幕,他真的很疑惑……

带着这些问题,罗斯福不断地思考,不断地探求。实在弄不懂的事情,他就看书,渐渐地他迷上了书本中的知识。因此在疗养期间,罗斯福看了很多书籍,其中包括美国的历史,政治情况,还有世界各地的名人传记。罗斯福每天乐此不疲的看书,甚至都忘记了吃饭。他发现在他从政的几年间,世界的变化很大,只是由于自己工作繁忙而没有时间看书,这次趁着疗养的时间把没有读过的好书要仔细的揣摩下。当然罗斯福也看些医术,特别是有关于小儿麻痹的书更是不可能逃过罗斯福的眼睛,并且就自己的病情与医生们进行了详细地讨论。在这方面,他快成为一个专家了。

面对病痛的折磨,罗斯福变得更加的坚强。肉体上的苦痛不会让他放弃他远大的志向。为了远大的目标能够实现,必须解决眼前的问题——治病疗伤。

有希望才会使人更加坚定自己所走的道路。罗斯福一直在进行治疗,在治疗过程中,无论多大的痛苦,罗斯福都不吭声。他有理想、有抱负,无论前进的道路上有多少艰辛都不会阻碍他前进的步伐。

他虽然每天还是要躺在床上或者是坐在轮椅上，但他一直很坚定自己的信念，如果他能战胜病魔，那么他想通往政治高峰的梦想就一定会实现。

罗斯福不甘心就这样失败，他总觉得自己必须入主白宫，必须登上总统宝座，否则，他会遗憾终生，甚至会死不瞑目，同时也将是美国历史的遗憾。为了这一梦想，就要付出相应的代价，现在的他只能坐在轮椅上。他开始考虑：民众能接受这样的一个总统吗？他不敢想下去了，他甚至关上思想的闸门。他需要自信，绝对的自信；需要奋斗，超乎常人想像的奋斗。

在罗斯福生病的日子里，路易斯·豪不离不弃的守候在他的身旁，随时听侯他的差遣，他和罗斯福一样保持乐观态度，他知道他的乐观会使罗斯福安心。他从赶到罗斯福床边的那一刻起，她就决定要为罗斯福扫清路面不必要的障碍，让坐在轮椅上的罗斯福感觉自己还是一个正常的人，能像正常人一样做任何事情。路易斯·豪知道罗斯福的梦想是成为美国的总统。但是罗斯福现在的病情严重影响他在政治领域的声望，于是路易斯·豪决定对外封锁罗斯福的真实病症及治疗情况。

这令埃莉诺很费解。因为报纸上没有提到罗斯福的真实病情。

"我们绝对不能说出事实的真相。这会严重触动罗斯福敏感的神经细胞，对他的病情带来更坏的影响，并且会严重影响他的政治前途。"路易斯·豪这样对埃莉诺解释道。

埃莉诺相信路易斯·豪的能力，他是一个非常好的谋士。对罗斯福而言，他既是朋友，更是亲人。

有了路易斯·豪的保证，埃莉诺脸上的愁容舒展了。她很想再看见生龙活虎的罗斯福。罗斯福曾经受到很多人的欢迎和支持，他曾经的辉煌让埃莉诺为他骄傲。而现在的罗斯福只能靠轮椅来行走，多次就医都没有效果，连美国最有名气的医生都不敢保证罗斯福的病情会有转机。但是路易斯·豪

二战浪漫曲

依然对罗斯福的病情抱有希望,而且会帮助罗斯福当上美国总统,这触痛了埃莉诺内心深处最为脆弱的地方。

因为埃莉诺给罗斯福的舅舅打电话时并没有过多的说明罗斯福的病况,只说是严重的感冒,有点发高烧。所以罗斯福的母亲萨拉也没有着急。过了一些日子,萨拉决定到纽约去看望"感冒"的儿子,并且看看她的孙子们,这些可爱的孩子特别喜欢萨拉。萨拉高兴地坐船来到了纽约州的码头,迎接他的是路易斯·豪。

当她站到罗斯福床前时,她说:"好孩子,你现在感觉怎么样了,为什么不早点告诉妈妈,我也好快点赶过来照顾你啊!"罗斯福回答说:"妈妈,我现在已经好多了,今天没有亲自去码头接您,您可不要怪我。"

罗斯福的下肢瘫痪了。但是,罗斯福上身还是很强壮的。为了上身能保持灵活的状态。他经常练吊球增加臂力,还经常练习游泳增加上身的宽厚。他幽默地说:"水使我变成今天的样子,水又使我恢复力量,使我对未来充满信心。"很多人对罗斯福充满了惋惜之情,但罗斯福从来不觉得自己很可怜。

1924 年,罗斯福抱着一线希望来到了佐治亚州西南部的一个温泉。这个温泉非常的破旧,坐落在长满松树山坡边的一个游泳池的旁边,然而据说治好了一个青年的小儿麻痹症。罗斯福按照原来的制定的计划,每天都会游泳和日光浴。

罗斯福把瘫痪的双腿放入温泉中时,他感觉非常的舒服,水温适中,大约为华氏 80 度,罗斯福躺在温泉中,享受阳光的照耀、泉水的滋润,罗斯福的心情也格外的好,就这样罗斯福不知不觉在水中已经呆上数小时而不觉得劳累。罗斯福在水中疗养了一周,一天他突然感到了脚趾有了活力,他开始相信温泉能治愈瘫痪多年的双腿。他兴奋地将这个消息告诉给了他的家人,包括路易斯·豪。在信中他表达了对妻子和易斯·豪的感激,还告诉萨拉不要担心他的病情,他的病情已经开始好转,他还将继续在温泉中疗养。

几个星期以后,罗斯福感觉温泉对医治小儿麻痹确实有神奇作用。他对未来的生活充满了信心,从此以后,他每天都坚持到温泉中泡几个小时,佐治亚温泉成了他第二个家。

温泉的神奇作用让罗斯福的信心大增。

罗斯福不仅要让自己对生活充满信心,还要让其他的患者也恢复以往的笑容,他成立的佐治亚温泉基金会使许多人忘记了痛苦,忘记了哀伤,这里没有讽刺,没有嘲笑,只有真诚相待。罗斯福的名字再次的映入美国人的眼帘,罗斯福也成为了一名慈善家。

佐治亚温泉的神奇功效引起了媒体的注意,罗斯福成立的非盈利佐治亚温泉基金会得到各界人士的支持。罗斯福成为了全国的新闻人物,关于他的报道再次成为报纸的头条,因此罗斯福的心情舒畅,精神焕发,身体也恢复了健康。

塞翁失马,焉知非福,正是因为罗斯福身体受到了创伤,才赢得了美国民众对罗斯福坚强意志的赏识。这种形象几乎成为了他的一张政治王牌,当这位半身瘫痪的政治家每次摇着轮椅出现在讲台上的时候,人们都不禁会把更多的注意力放在他的身上。

小儿麻痹症虽然是罗斯福人生中最沉重的打击,但是对他的政治生涯却没有任何的影响,反而使他从苦难之中解脱出来。如此大的伤痛都能承担起来,那么还有什么是罗斯福不能承受的呢?从病痛中走出的罗斯福变得更加的强大了。

罗斯福参加纽约州州长的竞选。但是他的亲友们因为他的身体状况反对他再次进入政治领域,他的亲友对记者说:"凡是热爱罗斯福的人,都要对他竞选州长持反对票,因为我们不想让他死在州长的重担之下。"随即史密斯州长又召开了记者招待会，在会上他说："州长是能为人民谋福利的人，州长也是经过选民投票产生的，干的是脑力活，而不是非得需要身体健全的人。"

罗斯福也发表了郑重声明，我是自愿参加竞选的，"因为我感觉到史密斯州长建立的州政府，是为人民办实事的政府，现在我决定临危受命，接受提名。现在的形势已经不容我考虑个人的得失，我必须取得胜利，这是众望所归。"

可怜天下父母心，萨拉作为一个母亲，同样希望罗斯福能有所作为，可是她担心罗斯福的身体状况。在来到纽约州以后，萨拉和罗斯福夫妇住在一起，她亲眼看见罗斯福被病痛折磨的凄惨表情，亲耳听见罗斯福在与病魔作斗争时发出痛苦呻吟。他爱罗斯福，儿子现在就是她的全部，她不能忍受还在病痛中的罗斯福参加竞选，那样罗斯福身体会垮掉的。萨拉便强烈的要求儿子能够跟她回海德公园安度余生。

萨拉的这一想法，聪明的埃莉诺和罗斯福，还有路易斯·豪早都预想到了，为了罗斯福的前途，埃莉诺和路易斯·豪寂静说服，终于使萨拉打消了这个念头。

在以前，埃莉诺不是很看好路易斯·豪，她认为路易斯·豪相貌猥琐，身体瘦弱，不能成就什么大事，路易斯·豪以前帮助罗斯福是因为想得到好处。自从罗斯福得了小儿麻痹症以后，连埃莉诺都对罗斯福的未来不抱任何的希望，但是路易斯·豪不离不弃的照顾罗斯福，并且对罗斯福的未来充满信心，帮罗斯福扫除政治上的一切障碍。从此埃莉诺彻底改变了她最初的偏见，在联合对付萨拉的事情中，她再次见识到路易斯·豪的能力和帮助罗斯福的决心。

路易斯·豪总是围绕罗斯福当总统的目标展开活动，他发现虽然罗斯福的行动不便,但是埃莉诺曾经和罗斯福到处演讲,很多人对埃莉诺也是很敬佩。

为了罗斯福的前途,埃莉诺克服了以前的胆怯、害羞,从家庭走向社会,不久还当上了财务委员会主席。

虽然罗斯福不能进行社会活动,但是他却通过埃莉诺的描述了解了所有的事情。

罗斯福为还制定了两次新的政策,其中的主要内容包括了政治、经济和生活。罗斯福的新政成功了,在这个经济动乱的时代,成功的解决了银行的信贷问题,同时还让失业的人们重新上岗,避免造成美国社会的动乱,对美国的发展起到了巨大的作用。

在当时,世界局势风云变幻,世界大战即将爆发的危急时刻,罗斯福不得不暂时停止了新政的实施。但是,在新政中所确立的国家干预经济的政策一直延续到今天。

罗斯福在大力实施新政的过程中,埃莉诺为罗斯福出谋划策,她经常到社会上体察民情,看看这些新政都取得了哪些进展,因此她对社会福利的实施状态也最为了解。

埃莉诺所到之处,都有媒体进行追踪报道。很快,埃莉诺成为美国人谈论的话题之一。

罗斯福为能有这样一个好妻子而感到骄傲,平时罗斯福也会用乐善好施的声誉取笑她。罗斯福总是在众人面前夸赞她,"能娶埃莉诺作为我的妻子,是我今生最大的幸福。"

总统的晚年

罗斯福喜欢在安静的环境下工作,没有紧要的事情,任何人不会去打扰他,但是有的时候,也会出现意外的情况。

有一天清晨,正在吃早餐的埃莉诺忽然听见从罗斯福的房中传来呼救声,"亲爱的埃莉诺,快来救救我。"埃莉诺来不及多想,放下吃了一半的面包,飞快赶到罗斯福的房间。结果看到了极其混乱的一幕:两个小孙女搂着罗斯福的脖子,一个说:"他是我的爷爷。"另一个说:"不,是我的爷爷。"此时罗斯福的样子很滑稽,头发被孩子们弄乱了,眼镜竟也歪斜的挂在鼻梁上。埃莉诺上前把两个孩子抱起来"你们两个都是我们的好孙女"埃莉诺幸福的笑着说。

1944 年,又开始新一轮的总统选举,所有的人都以为罗斯福会竞选第四任期。但是,罗斯福早已身心俱疲了,他已厌倦了政治上的尔虞我诈和玩弄权术,他已经在白宫执政 12 年了,他已经没有以前的雄心壮志了,他想回到海德公园安享晚年。

在总统的竞选中,虽然没有腥风血雨,也没有枪林弹雨,但是竞选的激烈程度不亚于欧洲和太平洋战争。此时的世界反法西斯战争已经接近尾声,罗斯福全心全意地领导全国人民进行着反法西斯战争,根本没有时间和精力顾及竞选总统的事情,这是原因之一。

还有一个原因是在罗斯福执掌白宫的十几年间,他和他的家人经受了许许多多的非议,他们背负着巨大的精神压力。但让罗斯福感到欣慰的是

二战总统的家事

他的 4 个儿子在战场上作战勇猛,屡建奇功,经常得到上级的表扬。每一次因立功而获得嘉奖或者晋升时,他们的周围总是会有异样的目光,因为他们的父亲是美国总统。

当得知儿子们晋升的消息后,罗斯福总是兴奋地和埃莉诺坐在床边分享喜悦。当看到儿子受到讽刺时,罗斯福的心又觉得很难过,他的孩子就像普通人民的孩子一样在战斗,在战场上经受枪林弹雨的考验,他在自己的儿子面前也只是一个普通的父亲,也担心儿子们的安危。可是,就因为他是总统,他对儿子的疼爱和紧张就成了别人攻击的匕首,深深地刺痛他。

面对压力和日益下降的身体状况,罗斯福已经担任了三届的总统了,他想和他的妻子埃莉诺回到海德公园共度晚年。所以罗斯福不想竞选总统了。

罗斯福不想再参加竞选的消息传出后,在社会上引起了一阵强烈反响,来自社会各界的希望他再次竞选总统的强烈呼声使罗斯福的内心波澜起伏。

有一封发自民众肺腑的信深深地打动了罗斯福。考虑全国各地的形势和民众的心愿等诸多因素,罗斯福决定继续竞选美国总统。

初夏的一天,汉尼根接到了罗斯福的一封信,信中说:"如果民众依然相信我,让我继续竞选美国总统,领导美国人民战胜法西斯的力量,那么我将义无反顾地接受民众的命令。就其我个人来说,我已经做了 12 年的总统和武装部队总司令了,已经一厌倦了这种生活……我以一个军人的身份郑重地说,我将接受并担任现在这个职务……"

大选的日子到来了,罗斯福由于身体原因并没有参加芝加哥的代表大会,但是大会首轮投票就通过了对罗斯福的提名。在副总统的提名的问题上竞争的非常的激烈,因为罗斯福的身体状况非常差,被提名的副总统就有可能成为下一届的总统。当时担任副总统的华莱士遭到了许多代表的反对，罗斯福不得不舍弃他，选择了来自密苏里州的参议员杜鲁门。共和党选出了托马斯·杜威和罗斯福竞选总统。杜威是一个风度翩翩的绅士，年仅42岁，却已经担任了10年的纽约州州长。他的头脑很灵活，口才也非常的棒，如果不是罗斯福在参加竞选时有足够的经验，恐怕也要对托马斯·杜威甘拜下风。

罗斯福在一节火车车厢里激情昂扬地发表了他的提名演说。"在1944年，我认为我们首先要赢得战争的胜利，保证人民过上和平的生活，其次我经提议成立一个世界性的国际组织。稳定战后的世界局势，避免新的世界大战再次发生，最后我认为要建立一种新的经济体系，提供就业机会。"罗斯福的演讲赢得大多数人的支持。

罗斯福和杜威之间的竞争是激烈的，他们二人到全国各地去演讲。杜威竞选的演讲很新颖，也得到了一部分民众的支持。共和党人一些人为了能夺得政权，对罗斯福进行了诋毁中伤，其中包括罗斯福的家人，埃莉诺作为总统夫人更是成了政敌们集中火力攻击的目标。埃莉诺历经千山万水来到了枪林弹雨的南太平洋前线慰问士兵，共和党一些人却将此事进行诋毁，在美国民众中散布谣言：罗斯福夫人在美国人民艰苦抗战的时候周游世界寻欢作乐。

这种卑鄙低劣的行为就是要罗斯福声名狼藉，但是美国民众不会听取他们的片面之词，他们早已习惯党派为竞选不惜把对方说得惨不忍睹。这时，孤岛上被包围的将士发回到美国的报告中夹带着埃莉诺和美国士兵和蔼可亲的照片，照片被广泛传播，在美国国内引起了强烈地反响。

选举年的春天，埃莉诺准备前往英国前线慰问那些马上要参加"霸王"行动的士兵们，但是遭到了罗斯福的强烈反对，罗斯福担心两个方面的问题。一是埃莉诺活动得越频繁，罗斯福就会经受更多的炮弹，二是他担心埃莉诺的安危，战场上子弹是不长眼睛的，如果埃莉诺在访问时不幸被击伤，舆论界又会哗然。但是，埃莉诺不顾罗斯福的劝阻还是执拗地踏上了前往伦敦的路途。

长途跋涉来到英国的埃莉诺因身体没有抵抗力而得了重感冒，艾森豪威尔建议埃莉诺先进行疗养再访问。但是倔强的埃莉诺不顾艾森豪威尔外交顾问的劝告，仍然冒着滂沱大雨慰问士兵，几天之内就走访了 20 多个兵营，受到士兵们的热烈欢迎。总统夫人的行为在军营阵地产生了巨大的影响力。埃莉诺还亲自为士兵包扎伤口，士兵们被感动得热泪盈眶，纷纷表示要出色地完成"霸王"行动报答总统以及全国人民的关怀。

1945 年 4 月 12 日，佐治亚温泉的天气晴朗，春风和煦，空气清新，绿油油的小草从泥土"探头"，大地也是一派生机盎然的情景。这一天也是美国人值得纪念的日子。

清晨，罗斯福从睡梦中醒来，他很疑惑，因为在睡梦中他见到了他的父亲，父亲的形象依然清晰地在罗斯福的脑海中，他记得梦中父亲告诉他要多歇息。他今天的日程早已被安排好。上午工作，下午要参加奥尔康市长家的一个传统的野外宴会。

罗斯福来到了餐桌前，早餐早已准备妥当。罗斯福还像以前一样吃着他最喜欢的火腿煎鸡蛋和烤面包。

罗斯福用完了早餐，年轻的心脏病医生霍华德·布鲁恩进来了。

布鲁恩表情愉快地走向罗斯福，他想让总统明白，一切都好。布鲁恩认真地听了听罗斯福的心脏，又量了量总统的血压，一切正常。

近来，布鲁恩发现总统的健康状况一直很良好，但罗斯福的听力似乎出现了问题，罗斯福的下嘴唇有时会无力地耷拉下来。之前，每次布鲁恩来

二战浪漫曲

时,罗斯福总是心情愉悦,有时还会和他交换意见。但是近来,罗斯福常常心不在焉,心绪不宁,对事情也漠不关心。

布鲁恩大夫做出很高兴的样子说:"总统先生,从刚才的检查中得知您一切都正常,不知您自己感觉如何?"

"一切正常,就是有点头疼。"罗斯福说。

"这个没有什么大碍,让我为您消除疼痛。"

布鲁恩给罗斯福做了颈肌按摩,罗斯福感觉很舒服,疼痛也随之消失了,罗斯福对布鲁恩表示了感谢。

下午,心血来潮的罗斯福穿上了深灰色上装,系好红色"哈佛"式领带,披上了深蓝色的、带金属扣环的斗篷,摆好了姿势,让画家给他画像。

不久后,罗斯福突然感觉天旋地转,他的手也毫无力气的垂了下来,头歪向了一边,前胸弯陷下来,眼睛也失去了光泽。

得知消息的布鲁恩马上赶了过来,对罗斯福进行了迅速全面的检查。医生立即展开抢救,迅速剪开了罗斯福的衣服,对他进行肌肉注射。随后他向白宫汇报了罗斯福现在的情况。此时罗斯福大概已经昏迷了一小时。

亚特兰大市的名医詹姆斯·波林用不到一小时的时间就到达了温泉。可是他来的有些晚,几分钟后,罗斯福的生命迹象消失了。

罗斯福逝世的时候,埃莉诺接到从佐治亚温泉打来的电话,仆人告诉埃莉诺,罗斯福正处于晕迷的状态。得知罗斯福病危的消息后,埃莉诺很着急,她想把原定的讲话取消。但是,在这种公共场合临阵逃脱会引起误会,她尽量保持平静的心态按照原定计划发表了一篇关于联合国问题的演说。

不久,罗斯福病逝的消息传来,埃莉诺不得不在茶会上提前告退。回到白宫后,埃莉诺马上把这个坏消息告诉了在海军服役的儿子:

"亲爱的孩子们:你们的爸爸永远的离开了我们,你们不要难过,你们要为你们的父亲感到骄傲，也为你们做出了极好的榜样。上帝保佑你们。妈妈。"

得知罗斯福的死讯，政要们聚集到白宫会议厅，讨论怎样应付这突发情况。

下午5点多，白宫对外发布了罗斯福病逝的消息。华盛顿民众得知总统去世纷纷赶往白宫。不一会，白宫周围就聚集了一大片人群，他们带着悲伤的神情默然地肃立在那里。

美国人非常震惊罗斯福的死，虽然他们都知道罗斯福的身体每况愈下，但他们还是对此感到难以置信。

《纽约时报》在为这件事撰写的报道稿上采用了这样的说法："对于罗斯福逝世，我们陷入了深深地思考当中，想到有可能发生的后果，我们都呆若木鸡。"

曾经反对罗斯福的人，包括共和党人，对于罗斯福的逝世也感到万分悲痛，因为他们深知罗斯福执政的10多年，确实为美国人做出了巨大的贡献。

《扬基》周刊的编辑曾发表这样的一篇报道："我们曾经拿罗斯福开玩笑，说他竟然得了小儿麻痹症，报道许多关于罗斯福的丑闻……但他毕竟是罗斯福，我们美国人前进道路上的指路灯……"

许许多多的普通人也以他们自己的方式表达了对他们所敬爱的总统的哀思。

埃莉诺急急忙忙赶到了佐治亚温泉，看着自己深爱的丈夫离开了人世，她的内心万分悲痛。她极力掩饰自己的悲伤，因为她是总统夫人，她要保持镇定，把总统的后事处理妥当。在佐治亚温泉，埃莉诺在路易斯·豪的帮助下举行了葬礼，并且按照国家的礼仪制度，确定由谁来主持白宫东厅

二战浪漫曲

举行的仪式。

罗斯福的灵台是由佐治亚松木制成的,可能是佐治亚温泉让罗斯福找回自信,所以在他逝世的时候也要用佐治亚松木保佑他。罗斯福的样子就像睡着时那样安详。

4月13日上午,送葬队伍出发了,埃莉诺要让罗斯福的遗体入土为安。走在前面的是本宁堡乐队,后面就是罗斯福的灵柩缓缓地向前行驶。

载着灵柩的专列缓缓前行,道路两旁肃立着空、海、陆的部队。这些士兵看着自己敬佩的总统离开世间,他们的眼中闪动着泪光,有一个士兵竟然由于伤痛而昏倒在地上。

总统的灵柩放在他生前办公的那个地方,由一辆列车载动,有两列军人守灵。车厢的卷帘挂了起来,灵柩前的灯光彻夜不灭,这是方便车外的人瞻仰。

在道路两旁等待瞻仰灵柩的人,不计其数,他们想最后再看一眼他们敬爱的总统。路两旁至少有5个区段,站满了前来瞻仰总统遗容的人群。

突然,一群孩子站成整齐的队伍唱起了"前进,基督的战士"。随后,很多人都唱了起来,随着大量人群的加入,歌声也越来越响亮。不一会儿,有七八千人都高声合唱,声如洪钟。星期六上午,春光明媚,万里无云,火车经过弗吉尼亚州夏洛维尔市。刚刚成为总统的杜鲁门前来迎接灵车。护送遗体的队伍,一路前行,然后转向西南宪法大街。

当天下午,白宫的东大厅里摆满了各种鲜花,正中央挂着罗斯福的照片,照片中的罗斯福仍然带着夹鼻的金丝眼镜,微笑如阳光一般灿烂。

安格斯·邓恩大主教在祈祷以后,又致了悼词。在悼词中,主教引用了罗斯福演讲时的话语。主教又说:"现在我们把总统对我们说过的话,作为他最后的遗言,我想他就是这样想的。"

此时已接任总统职务的杜鲁门来参加罗斯福的祭奠仪式,当他走进东厅时,按照当时的礼仪,人们应该起立。但是,没有一个人站起来,因为他们都沉浸在悲痛中。

在海德公园的玫瑰园里,已经挖好了墓穴。罗斯福生前的好友、同事、亲属都沉默地肃立在墓穴的四周,向他做最后的告别。

棺木被缓缓地放入了墓穴之中,罗斯福"回家"了,回到了他期盼已久的家园,他终于可以安歇了。

罗斯福的逝世对美国人民和世界反法西斯同盟来说是一个噩耗。

美国人民忘不掉,在经济大萧条的时期,罗斯福通过"新政"挽救了美国的经济,是他带领民众击倒了饥饿和贫穷,将美国引上了富有强盛的道路。英国人民忘不掉,在战争最激烈的时刻,是罗斯福冲破层层阻力对英国进行援助,将英国从国破家亡的深渊中解救出来,是罗斯福给予了希望;世界人民忘不掉,在法西斯嚣张跋扈时,是罗斯福扬举起反法西斯的旗帜,同法西斯势力进行抗争……

罗斯福去世的消息传到了英国,刚从睡梦中醒来的丘吉尔听到这个令人伤心欲绝的消息后仍不相信这是一个事实,他希望自己仍被梦魇纠缠没有醒来。

丘吉尔坐在椅子上,脑海中闪现很多关于罗斯福的画面,想起与罗斯福无数次会面的场景。回想与罗斯福交往的漫长岁月,丘吉尔的心被深深地刺痛了。丘吉尔悲痛地说:"真是晴天霹雳,我的头仿佛被物体击中了。"在英国《宫廷通报》上,为罗斯福逝世的消息登了讣告,这是英国历史上第一次为外国元首刊登讣告。几天以后,在英国为罗斯福举行的追悼仪式上丘吉尔痛哭失声。

为了悼念罗斯福,为了表示对罗斯福深深的尊重、敬意和感谢,丘吉尔向议员们提议：无论多么重要的会议或者议案，都要放下来，因为罗斯福为挽救英国做出了巨大的贡献，英国政府成员甚至全国人民都值得为这位外国元首的逝世致以哀悼，尽管这种行动并无先例，却博得了所有人的认同。仅仅开了 8 分钟的会，他们便都缓缓地从会议室鱼贯而出。

世界各地都采取不同的方法悼念罗斯福。莫斯科的街头，各座建筑物都挂起了象征哀悼和肃穆的黑色旗帜，祭奠这位远在美洲的反法西斯战友。就连日本首相也对失去这样的一个对手而感到惋惜。

除了罗斯福的家人，最为悲痛的就是英国首相丘吉尔了。丘吉尔称"和这位伟人的友谊是在战争中开始和成熟起来的"。1939 年初，刚进海军部的丘吉尔就开始与罗斯福联系，并与罗斯福就英国的海军问题进行讨论，在交往中罗斯福给丘吉尔很大的帮助。

丘吉尔担任首相之时，英国不可避免的卷入了战争中。当时的丘吉尔经常与罗斯福互通电报，交流情况。当英国处于生死存亡之际，丘吉尔向罗斯福求救，罗斯福冲破层层阻力帮助丘吉尔。从此两个人的友谊一直延续下来。罗斯福和丘吉尔经常发电报，彼此相互问候，他们已经成为了超越国界的最忠诚的朋友了。

他们除了通信以外，还一起参加了 9 次会议，最后一次会议是雅尔塔会议。而且丘吉尔与罗斯福也有比较频密的个人接触，丘吉尔经常不远万里来到华盛顿和罗斯福住在白宫里，有时也到罗斯福在海德公园的家中谈天说地。

在丘吉尔眼中，罗斯福是一位在政治上颇有建树的政治家、实干家和军事领导者。丘吉尔被罗斯福的坚强的意志所感染，对罗斯福有一种由衷的信赖和一种无法用语言表达的尊重。

尽管罗斯福深受病痛的折磨，使他脸色苍白，身体瘦弱，但是罗斯福并没有郁郁寡欢，而是笑着面对每一天，他总是面带微笑与被人交谈。直到生命的最后，他仍然很平静的离去，没有任何抱怨。

罗斯福在任的将近 13 年的时间里，兢兢业业地履行自己的职责，使美国的经济快速的发展，也解决了就业的问题，他的很多新政策，至今还被世界的许多国家采用。罗斯福的一生都在为美国人民谋福利，也赢得了无数人的尊敬，罗斯福死而无憾了。如果还有憾事，那么就是没有亲眼看到反法西斯战争的胜利。

被烈火燃烧后的大地又恢复了以前的生机，绿油油的小草已经掀开了坚硬的泥土，吸收太阳的光芒，被大火焚烧过的树木从漆黑的树干上也冒出了新绿。小鸟也开始在枝头"唱歌"了。世界大战已经接近尾声，苏军发动攻克柏林战役，希特勒的末日已经不远了。

罗斯福逝世的消息传到了德国，希特勒拍手叫好。但是希特勒最终没有逃过正义的惩罚，在罗斯福逝世 20 多天之后，德国终于宣布无条件投降。作恶多端的希特勒害怕面对世界人民正义的审判而自杀身亡。

罗斯福逝世 3 个多月后，穷途末路的日本天皇也宣布了无条件投降。从此，自由和和平重回人间。

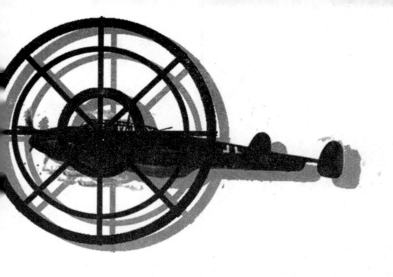

丘吉尔的家事

温斯顿·伦纳德·斯宾塞·丘吉尔，是英国杰出的政治领袖之一。他在1953年获得了诺贝尔文学奖。曾两次出任英国首相之职。

在丘吉尔的人生旅途中，虽然在政治上经历了风风雨雨，体验了大起大落，可是在婚姻上，他的生活却是非常美满幸福的，使他在政界的风云变换时，也有了一个可以依靠的温暖港湾。

贵族后裔

丘吉尔的家族名声十分显赫，祖上出现过许多位政界和军界的驰名人物，在英国历史上是很有影响的。在 1702 年，约翰丘吉尔被安娜女王封为了马尔勃罗公爵，这个荣誉的代号也长久地伴随着这个家族繁衍流传了下来。

1874 年 11 月的一天夜里，伦道夫·丘吉尔的庄园外寒风凛凛，雾气弥漫。但是在庄园的房间里特别温暖，像是春天一样，仆人们也都在忙碌着。伦道夫刚从外面赶回来，帽子上的雪花还没化掉，仆人们忙上前帮他脱大衣，就在这时，卧室里传来了一声响亮的婴儿啼哭。没过一会，家庭医生走了出来并说道："恭喜您勋爵先生，是个小男孩，虽然他提前来到了这个世界，但是您放心，他非常健康。"勋爵说："是啊！这个小家伙这么迫不及待地见他父母，要不是家人去通知我，我还在白金汉宫参加宴会呢。"他一边说一边快速的向房间走去。这个提前来到世间的小男孩就是后来的英国首相——温斯顿·伦纳德·丘吉尔。

丘吉尔出生在这样优越的一个家庭里，所有人都认为他一定有个幸福和快乐的童年，但是对于丘吉尔自己来说却不是这样的，他虽然出身显赫，在生活上也有很多人悉心照料，玩具多的数不过来，可是如果他想见一面父母，却是件特别困难的事情。也许是因为当时英国上流社会流行的时尚，夫人生了孩子之后却没有义务去抚养。丘吉尔的母亲珍妮每天都忙于各种社交应酬，有空的时候才会去看儿子一眼。父亲伦道夫也每天都在忙着政务，根本没有时间顾及他的儿子，当然这只是迫于无奈，事实上，他特别看重这个儿子。在丘吉尔心中，父亲永远都没有笑容、永远都那么严肃认真，这使他很惧怕这位大人物。而对于母亲，在多年以后他这样描述到："我只能从一段距离以外，深深地爱着她。"

也许此时，丘吉尔幼小的心灵已经被这种只管生不管养的风尚深深影响了，这对他以后脾气秉性的形成，起了非常重大的作用。

替代他父母责任的是一位名叫伊丽莎白·安·埃夫列斯特的中年保姆，她负责照顾丘吉尔的饮食起居。埃夫列斯特悉心照顾了丘吉尔后，又担任起了照顾他弟弟职责，并且和他们兄弟两人都产生了深厚的感情。丘吉尔亲切地称她为"爱姆"。1882 年，丘吉尔 7 岁了，冬天的时候，父母把他送到了寄宿制学校，让他开始接受学校的教育，这所学校只招收贵族子弟，丘吉尔就这样离开了他最亲近的"爱姆"。

这所学校位于阿科斯特，名叫圣乔治。最重要的是，这里的教师个个都是一流的。丘吉尔生来就不是个特别好的学生，虽然他的记忆力很好，可是和别的孩子不一样的是他只喜欢学自己喜欢的东西。一旦内容吸引他，他总是能很快领悟；可如果他不感兴趣，那就会不屑一顾。开始上学时丘吉尔就不很喜欢数学，以至于他的一生都与数学无缘。他还非常不喜欢语言，对那些拉丁文和希腊文，感觉到很头痛。父母见他如此，都对这个长子感觉到很失望。

圣乔治学校校规苛严，校方总会组织一些"课外"活动，例如每个月让学生在图书馆观看两到三次的"教育"犯错的学生，说是教育其实就是挨打。有时为了给那些学生面子，他们会被拖进隔壁房间，这样也免得在大庭广众之下让班长打到皮开肉绽而丢失面子。

丘吉尔从小就很倔强，以他这样的脾气秉性，没过多久他就从看客变成了挨揍者。但是，丘吉尔没有让那些施暴者姿意而为，虽然他的力量不

二战浪漫曲

大,可是他还是坚持反抗,用他的哭声作为武器,用拳头不停地还击,即便他的力量是那么的小。他不喜欢这里的一切,对于以前的美好生活,包括与亲爱的埃夫列斯特在一起的自由日子,都令他十分怀念。

幸好这样令人讨厌的学校也会放假,那时就可以回家了,见到和蔼可亲的"爱姆",恢复到以前那种快乐的生活。如果运气不错的话,还可以见到自己的母亲。有一次放暑假,丘吉尔身上被打的伤痕被埃夫列斯特发现了,很快他的母亲也知道了这件事。在看过伤疤以后,丘吉尔的母亲感到很心疼,她不能再让自己的宝贝儿子承受如此虐待了,便在家庭医生的建议下转到了布雷顿的一所预备学校。

在圣乔治学校的时候,丘吉尔的成绩总是排在全班的后面,只有他感兴趣的地理和历史课还算比较好,这也是他选择性学习所造成的。学校给他的评语也很不好,说他"淘气",说他"有些爱惹麻烦",最后竟评价道"极端恶劣"。事实上,如果让丘吉尔来评价这所学校的话,他也会用最后的这四个字来概括的。转学到这所新学校,丘吉尔觉得心情很舒畅。这里环境很宽松,没有人对他进行体罚,尽管他还是像以前一样不守纪律。在这所新学校里,他这位最无视规矩的学生不仅生活变得快乐了,而且在学业上也有了很大的进步,就连一些以前不怎么喜欢学习的科目都有了很大的进步。他终于不再是差等生了,尽管还不能算是优秀的学生。学校里除了教授传统课程以外,还教授一些新的课程,如骑马、跳舞、游泳等。丘吉尔最喜欢的就是骑马,以后的生活也因此受到了很深的影响。

负责掌握、处理学校事物的是一位小姐,名为汤姆逊,她也很喜欢丘吉尔,但是她对于丘吉尔的古怪性格和脾气不太理解。就连学校的教师们也有一样的看法,他们都认为丘吉尔是个执拗还不守纪律的学生。

当丘吉尔的学习成绩得到极大改善时,他父亲的事业也在蒸蒸日上。

1884 年,身为保守党一员的伦道夫经过了大量的工作,获得了许多的民众支持,势力逐渐壮大,但是他在保守党内的地位仍然处于下层。对于这种情况,伦道夫很不满意,他决定向上层发起进攻,要让他们明白,现在的形势已经发生变化了。

保守党的前任首相迪斯雷利去世以后,保守党的领导权落在了索尔兹伯里勋爵和斯塔福德·诺思科特爵士手里,他们分别是保守党上院和下院的领导。对于这样一个组织他们都很看不起,认为这些人不会有什么大作为。况且掌权者会对伦道夫那种咄咄逼人的夺权之势感到危险,所以特别讨厌他。

不过,一个政治家一定不会以个人的好恶来决定事情。随着伦道夫实力的不断增强,保守党上层决定要做出一些让步,力求化敌为友,一起来对付自由党。随即他们进行了谈判,在这次党内斗争中,伦道夫取得了重大的胜利。

表面上的平静掩盖不住保守党上层内心对伦道夫勋爵的不满,他们只是因为自己的需求才来提拔他的。这一点也当然瞒不过伦道夫,所以他对自己的雄心大志毫不掩饰。这种互相利用的关系显而易见。

第二年,保守党在选举中获得了胜利,索尔兹伯里担任首相,并组织新内阁。伦道夫担任了印度事务大臣,这是他得到的第一份高级官职。很快他就用行动表明了自己能够胜任这份工作。不过事实上给他的表现时间并不长。几个月后,也就是 1885 年 11 月,索尔兹伯里的政府倒台了,保守党失败了,而伦道夫也不得不失业了。不过在此次大选中,自由党也没有占到一点优势,按照规矩,在一年内将再次举行选举。这对伦道夫来说是个好机会。此时,保守党正在积极的准备着选举,伦道夫每天也都在忙着个不停。

而就在此时,一个危险悄无声息的走近了丘吉尔。1886 年 3 月,正在上学的他病了,患了感冒而后又转成了肺炎,一直高烧,甚至威胁到了生命。幸运的是当地的医疗条件还比较好,经过紧急抢救,他终于脱离了危险。又经过很长时间的调养,他才恢复了健康。病情虽然凶险,可是对丘吉尔来说也不是一点好处也没有,至少父母都可以陪他了。这场大病也许不能影响他对人生态度的转变,可是却彻底影响到了他读中学时候的择校问题。他感到父母还是深爱着他的,这也是他久违的幸福快乐生活。

探望长子后,伦道夫夫妇回到了伦敦,继续为选举做准备。7月的时候,保守党在选举中获胜又上台执政了,索尔兹伯里又一次做了首相。不但如此,他们选举中占了比较大的优势,这就预示在很长时间里,保守党都要掌握政权了。

出任财政大臣以后,伦道夫毫不掩饰他的进取心,对首相职位特别感兴趣。他的儿子丘吉尔也传承了他的一部分思想,这个别称也被长时间的用在了他的身上。

伦道夫的确有些急于求成,依仗自己在内阁的地位,财政以外的领域他也有所涉及,希望进一步扩大自己的政治影响力。基于这种状况,伦道夫决定用辞职来要挟,并迫使首相和他站在一边。这不是第一次的尝试,以前他就用过这种方法,结果很成功。保守党虽然不能离开他的支持,需要他这位财政大臣,可是这招出的还是有些冒险,又是反复使用,更是险上加险,可伦道夫根本没有预料到这一点。当他第三次使用的时候,索尔兹伯里也决定冒险,竟爽快地答应了他的辞职请求。

这使伦道夫感到特别意外,他没想到索尔兹伯里真的会让他辞职。更令他无法想像的是,党内的反对声音也不强烈,根本影响不了时局,让首相改变想法。财政大臣的职位党内无人可以胜任,可索尔兹伯里却启用了反对党人士,原来的自由党前排议员是一个名为 G·J·戈申的人,他出来担任

二
战
总
统
的
家
事

了财政大臣这一职务。

1886 年,仅仅 5 个月的时间,伦道夫的事业就从巅峰跌到了谷底。

他认识到了自己的失误,希望有机会重新上位,并为此做出而很多努力。当大选再次来临了,可是伦道夫的身体却已经不允许他回政坛了。就在父亲身体欠佳,事业又逢低谷的情况下,丘吉尔到了上中学的年纪。

按照英国的传统,根据家族的等级,贵族子女都在固定的贵族学校学习。马尔勃罗家族因为地位尊贵,他的后代都在国内最好的伊顿公学读书,丘吉尔的父亲和祖父就都是在那里毕业的。但前两年的大病使得丘吉尔不得已报考哈罗公学。这所学校位于伦敦郊区的山坡上,这是除了伊顿以外最好的一所公学,勉强能配得上马尔勃罗家族的尊贵地位。

即便是屈尊来到了这里,也还是要走一下入学考试的程序。校长威尔登博士给丘吉尔安排了一场不算太难的考试,以便了解一下他的课业水平。事先汤姆逊小姐给他做了一些补习,本来是会顺利通过的。可是在考拉丁文时,他在那坐了两个小时,却只写出了一个字,就和白卷一样。还好不是只考这一科,而且最重要的是,他出身于地位显赫的马尔勃罗家族,来报考这里简直就是给学校面子。校长很明白事理,他提出丘吉尔身上有种独特的优秀气质,决定予以破格录取。

这次入学考试,丘吉尔觉得他幼小的心灵受到了严重的伤害。在后来他这样写道:"13 岁就让接受这么残酷的考试,这是对我多么大的折磨啊!"其实,丘吉尔还不知道,更大的折磨还在后面等着他。

根据他的考试成绩, 他被分到了成绩最差的一个班中的最后一个组。并且哈罗公学还要根据学生们姓氏中的首字母来排序,进行点名或站队等等。丘吉尔的姓氏开头字母是 S,所以在 26 个英文字母里排列第 19 位,令丘吉尔很郁闷的是每当点名或排队的时候,他总是被放在最后面。更为糟糟的是,他的成绩也不怎么样,对待学业他总保持着自己的一贯作风,不喜欢的课程绝不委屈自己,尤其是拉丁文。可是他喜欢的课程又很少,尽管单科成绩很好,可是他在班上还是排最后几名。

丘吉尔还是像以前一样无视校规,不遵守纪律。威尔登觉得小孩子难免会犯错误,惩罚他一次,以后会改正的。可是出乎他意料的是丘吉尔竟然做出了反抗,同时表明了自己对校长的不满。不过丘吉尔也认为,现在的这种状况比起当年那段拳打脚踢式的教育,可以称之为是一种进步了。

经过这一事件,哈罗公学里的"倒数第三名"成了名人,学校里的人都认识他,与此同时他也又一次拥有了差生的名头。

为了使这一局面得到改善,丘吉尔想到了一个办法,他把自己的姓氏改成是以 C 开头的了,这样站队的时候他就可以站在前面了。校方没有对他的小聪明过分的在意,因为即使改掉了姓氏,他也还是马尔勃罗家族里的一员。

庆幸的是丘吉尔的外祖父莱纳德很疼爱他,也从来不为他的学业而感到烦恼。当他的父母一说起他的成绩时,外祖父总是说:"男孩子就是要淘气,待找到可以显示自己才能的场合时,他就会变好的。"

外祖父说得很对,不一定马尔勃罗家族的成员就一定要考上大学。即使丘吉尔用他自己最擅长的科目也可以展示自己惊人的才能。例如他从小就很喜欢读一些历史学家的名著,在一次课堂上,老师讲课时引述了《哈姆雷特》里的话,丘吉尔立即发现了错误,并当堂进行纠正,老师和同学们都惊讶不已,平时这个差等生,怎么会知道这些,令他们更想不到的是,他竟一口气背了 1000 多行,毫无差错。丘吉尔对历史文学十分感兴趣,在这方面,他的才能让所有人都震惊了。

除了这些,丘吉尔对军事训练和体育也开始有了兴趣。以前他就学过骑术和游泳，来到哈罗公学以后，他又很快迷上了击剑，并且在这方面也取得了不小的成就。有一次学校组织比赛，他竟然得了银奖，这也许是他入学以来最露脸的一次，听着师生们对他的欢呼与赞扬，他感到很自豪。

在当时，贵族出身的孩子一般都选择学习法律、神学和军事。伦道夫觉得丘吉尔的学习成绩不好，最主要的是，他对于自己感兴趣的科目就很擅长，但是如果让他在被迫的情况下学习法律和神学，也一定不会有什么好成绩，所以这两科不能考虑，直接放弃。而现在只能极力培养丘吉尔对军事的兴趣，令伦道夫感到欣慰的是丘吉尔的骑术、游泳和击剑水平都不错。经过再三考虑，伦道夫决定让他未来前往桑赫斯特皇家军事学校学习，不过在此之前，必须先把他送去军事专修班去学习。

军校生涯

丘吉尔在哈罗公学上学的时候,他的父亲虽然没有在政府任职,但是他还是很少去学校看望丘吉尔,母亲也和父亲一样难得一见,即使是在假期时也只是能见到两三次而已,这使丘吉尔生活得很不愉快。此时,陪在他身边的只有"爱姆"埃夫列斯特太太,她对他们兄弟二人悉心照料,当丘吉尔在学校的时候也总能收到她寄来的信,每一封都寄托着她的思念与关心,这让丘吉尔感到很温暖。对于老保姆埃夫列斯特太太,丘吉尔把她看得比亲人还要亲。

想要进入桑赫斯特皇家军事学校,是很困难的一件事,对于丘吉尔这种不爱学习的学生来说,更是难上加难。桑赫斯特皇家军事学校的入学考试非常严格,如果没有很好的家庭背景作为辅助,是很难考上的。可丘吉尔想让父母丢弃走后门的想法,希望用实际行动证明了有靠山是没用的。可是尽管已经在军事专修班学习了一段时间,他还是接连落榜了两次。

他的父母又开始为他的法语发愁了。母亲觉得要想让他很快的学会法语,有一个语言环境比死记硬背要好得多,所以就接把丘吉尔送到了法国,在凡尔赛的一个法国家庭里他生活了一个多月,认识了很多朋友,法语水平也有了很大的提高。

对于丘吉尔的进步,他的母亲感到非常高兴。丘吉尔在给他母亲写信时,基本上都用法语,为了炫耀自己在语言方面的能力,他在信中还用了很多成语。在法国生活的时候,他敢于和朋友们用法语来交流,尽管会有许多错误，口语也不好。慢慢的他法语水平有了大幅度的提高，达到了进入桑赫斯特皇家军事学校所需要的水准。更加令人意想不到的是，这对他以后的政治生涯也提供了很大的帮助。

伦道夫觉得再也不能让丘吉尔向以前那样备考了，那根本起不到一点作用，即使有很多时间可以等他去碰运气，可是整个家族的脸面再也承受不住他的接连失败了。伦道夫决定送他去考前的辅导班，争取一次性通过考试。这所"紧急辅导学校"的校长是一位叫做詹姆士的上尉，据说他很有经验，一些被认为比较笨的学生经过他的补习之后都可以顺利通过考试。在丘吉尔以后的回忆中也曾说过："听说只要不是十足的白痴，就一定可以经过在这里的补习而通过考试。"

伦道夫对这所"紧急辅导学校"很信任，因为听说詹姆士很会押题，然后会让学生强行记忆，这样的话，丘吉尔就可以顺利过关，避免落榜的危险。因此，他马上联系了第60步兵团团长康诺斯基公爵，请他留出一个位置给丘吉尔，等到他从军校毕业以后就可以直接分配工作了。

一切都在顺利发展着，眼看着好生活即将到来，可是一个意外中断了这一切。

秋天就这样悄无声息的到来了，丘吉尔一家的姑母维伯恩夫人在伯恩莫斯有一套别墅，在秋天到来时，她将这套别墅借给了丘吉尔，丘吉尔一家人打算在这里度过漫长的冬季。因为这里风景秀丽，空气清新，40多英亩的松林一直延伸到山崖上，而下面就是辽阔的大海与沙滩。

一天，丘吉尔的表弟来他家玩，三个十多岁的顽皮男孩决定玩追逐的游戏。在十多分钟的追逐后，丘吉尔累得气喘吁吁。这时他忽然发现在峡谷上有一座木桥，他急忙跑了上去，而两个弟弟绕到木桥的两端来拦截他，想要把他俘虏了。但是丘吉尔怎么会那样乖乖的等待被抓，他忽然想到一个办法,于是丘吉尔纵身跳了下去。打算抓住下面的一棵树再想办法绕道爬上来,然而他的体重把树压断了,导致他从近 30 英尺的高处摔下,头摔破了,腿也摔断了。见此情景,两个弟弟很非常害怕,忙跑回家,告诉了伦道夫夫人。得知消息以后,丘吉尔的母亲非常着急,忙叫来医生和车子赶往事发地点救助儿子。这一下摔得着实不轻,丘吉尔光是从昏迷中醒来就花了好几天的时间,等到身体完全康复,已经是第二年的事情了。伦道夫的政敌在得知消息以后,还大加嘲讽了一番道:"听说伦道夫的长子在玩追逐领袖游戏的时候从高处跳下摔伤了,真不知道他的父亲伦道夫会不会向他的孩子一样。"

在疗伤期间,丘吉尔一直和父母生活在一起。从这时起,他开始慢慢接触政治活动。经常有一些高层人物聚集在他的家里,研讨政治问题,一些议员和保守党的骨干力量更是他家中的常客。慢慢地丘吉尔开始对这些政治问题感起兴趣来, 有时他也会用自己尚不成熟的政治认识去判断这些问题。

他希望自己的父亲有一天会东山再起,到时候,他也要投身政坛,帮助父亲建立声威。这样一个短暂疗伤期,使得丘吉尔的一生都发生了转变。

完全康复以后,丘吉尔继续补习,他尽可能的听从校长的意见,强化记忆,提高应试能力,效果斐然。可是有些遗憾的是,他的父亲很希望他能考上步兵专业,可是他考出的成绩却非常不理想。一度已经放弃希望的丘吉尔在后来接到父亲的一封来信,这才知道自己已经被成功录取了。

在信中,伦道夫并没有对他考上这所名校给予多些赞赏的语言,除了礼节性的祝贺外,大部分是对他的批评,因为他的分数虽说是达到了军校的入学标准,可他没有进入伦道夫所期望的步兵专业,这让他的整个家族都感觉到丢脸,很明显体现"你听天由命,懒懒散散的性格",并且警告他,如果你再不努力,将来你就会变成一个谁也看不起的人。这主要是因为,此前伦道夫勋爵托人在第 60 步兵团里给丘吉尔留的位置他却没能达到步兵专业要求的分数,这让伦道夫对儿子的表现很不满。

对于丘吉尔来说,感觉与父亲当然不一样。因为他还年轻,他还完全不了解什么是经济压力,体面的问题自然也考虑不到。他认为只要自己能去念军校,管他什么专业。依照他的性格,他或许本身就并不喜欢步兵专业,而是对骑兵更感兴趣。当旅行归来,丘吉尔便来到桑赫斯特皇家军事学校报到,这时候他才发现,他的专业发生了转变,已经从原来考上的骑兵专业转到了没有考上的步兵专业。他明白,这一定是父亲努力的结果。

时间过得很快,数年后,从桑赫斯特皇家军事学校毕业的丘吉尔,终于成为了一名军官,他的戎马生涯也就此开始。他先后去了美洲、非洲一些国家,因为这里经常发生战乱,他负责写战地报道。随着他写的越来越多的战地报道在报纸上的刊登,他的名气也越来越大。可是军营的生活并没有给他带来太多的快乐,所以到了1899 年,他就辞去了自己的军职。

幸福的婚姻

此后，丘吉尔专心写作，并出版了许多著作。他的书中有许多自己的见解及自己的一些亲身经历，其中一些书中还提出了一些英国军事方面的弊端和缺陷，并且还给予了严重的批评，这使得英国军方十分不满。1899年，英布战争爆发，丘吉尔以民间记者的身份开始了他的南非冒险之旅，1900年战争结束了，他才"满载而归"。这段时间的所见所闻所感都被他记了下来，并且编成了两本书，受到了民间各界不少人的欢迎。同年9月，在一次议会选举中，丘吉尔竟以微弱的优势获得了一席之位，从此开始了他的政治生涯。就在仅仅的几年之间，他沉睡的政治天赋重新觉醒，取得了辉煌的成绩，在1906年的时候，他已经在议会中占有了重要的地位。

丘吉尔在仕途上取得辉煌成绩，在情感生活方面也是春风得意。1908年9月他与心上人克莱门蒂娜喜结连理。也许在此之前，很多人都觉得不会有姑娘喜欢丘吉尔，恐怕他会孤独终身，因为他的性格太孤僻，如果没有他感兴趣的话题，那么他会很少和人接触，女性更是少之又少。除了帕梅拉·普洛登之外，丘吉尔接触的女性就只有两个，一个是著名的女演员埃塞尔·巴里莫尔，另一个是默里尔·威尔逊，她的父亲是位船主。经过一段时间的接触，他们并没有发展为亲密的关系。当亲人和朋友都为他的婚姻而感到发愁的时候，报纸上刊登了一条突如其来的消息，丘吉尔即将订婚，未婚妻是一位名叫克莱门蒂娜·霍齐尔的清秀可爱的姑娘。

时年23岁的克莱门蒂娜长得很漂亮，既善良大方，又聪慧温柔。他的

二战总统的家事

父亲曾经是位军人，还做过战地记者，前一年去世了。她的母亲布朗希·何西尔带着三个孩子，用自己少得可怜的收入来维持生活。克莱门蒂娜是家中的长女，为了贴补家用，她曾利用自己擅长的法语去做过教员。

1904年，在一次社交场合上丘吉尔就见过克莱门蒂娜，但是当时只是见了一面，并没有深交。几年过去后，当两人再一次见面时，忽然产生了好感。说起两个人的进一步发展还得"感谢"那年夏天的一场大火。

那场大火发生在一天夜里，丘吉尔正和堂兄在一个小镇的出租公寓里睡觉。半夜的时候，听见有人喊"救火"，丘吉尔立刻爬了起来，沉着冷静的组织群众灭火，自己更是奋不顾身的冲进火场抢救财物。报社记者对此做了报道："有位青年不顾自己的生命安全帮忙灭火，并且抢救出很多贵重的财物，屋顶倒塌的一瞬间他刚刚从里面跑出来，几乎葬身火海。"当克莱门蒂娜知道这个消息之后，顿时对丘吉尔产生了仰慕之情，过了不久，两个人就宣布订婚了。

也许作为政治人物来说，丘吉尔的做法的确有些鲁莽，可是他是令人敬佩的，在以后整治国家的过程中，这种勇敢坚毅的性格也得到了充分运用。

丘吉尔与克莱门蒂娜于1908年9月的一天在举行了婚礼。婚礼举办的隆重而热闹，共有1400多人参加，外面看热闹的人更是人山人海。英王爱德华七世也为他们送来了一根嵌有丘吉尔的家族徽章的镶金手杖。证婚人是英国首相劳合·乔治。这所有的一切让家道中落的克莱门蒂娜第一次感觉到了豪门的风光，同时也感到无比的幸福。

但是结婚完全没有削弱丘吉尔对政治的着迷。婚礼结束，他们夫妇二人就回到了布伦海姆度蜜月。度完蜜月，丘吉尔夫妇就住进博尔顿大街的一所小房子里。第二年年初的时候，克莱门蒂娜怀孕了，此时这个小房子显得越来越不够用了，于是丘吉尔另觅了地点租了一处稍大一点的房子。几个月后，丘吉尔的长女在这里顺利降生了，取名为黛安娜。1911年的5月克莱门蒂娜又在这所房子里生下了儿子伦道夫。两年后，丘吉尔一家终于在海军部的大楼里有了自己的房子。可是在这栋大楼他们也只是住了两年，而后又几次搬家。

在当时的英国，丘吉尔的婚姻并不被看好，许多人认为他们是门不当，户不对。如果在是斯图亚特王朝时期，那么丘吉尔和克莱门蒂娜一定不会走到一起。但是英国资产阶级已经发展200多年了，对于这件事他们已经可以接受。最重要的是丘吉尔非常爱自己的妻子，对于这份婚姻他也很满意，所以两人婚后的生活一直都很幸福美满。虽然这其中优秀的丘吉尔也曾被相熟的女性追求过，并且还有过短暂的交往，但是夫妻两人的感情没有受到任何影响，依然是相亲相爱。这在英国的政治家中是很少见的，并且在整个世界上也是屈指可数的。

克莱门蒂娜虽然外表很柔弱，可是内心却很坚强。她出生在贵族家庭，从小就接受良好教育，加上家庭的熏陶，她不仅有着良好的教养，而且还有着较高的审美水平。在照顾丈夫和孩子时，她更是尽到了责任。家里的家具都是克莱门蒂娜亲手挑选的，每一样都显得那么精致典雅，再经过他井井有条的摆设，家里更显得十分整洁。有他在，丘吉尔从来都不会为了家里的事而担心。

在工作上，克莱门蒂娜也是一个很好的帮手。就连政治上的一些见解与主张，有的时候她会为丘吉尔提供很多建议和意见，当丘吉尔遇到难题时，她也总能很好的衡量当时局势，帮忙出谋划策，让丘吉尔找出最好的处理方法，以避免丘吉尔做出草率的决定，犯下不该犯的错误。有的时候丘吉尔去参加一些竞选活动，她也会一同随去，从来不畏惧危险与艰辛，一直陪伴在丈夫的身边。甚至有的时候，克莱门蒂娜还会在一些集会上发表演说，当然这一切都是为了她的丈夫可以在事业上有更大的成就。

在丘吉尔刚刚掌管海军部的时候，由于他喜欢冒险的性格和对新鲜事物的好奇，他竟然学会了自己开飞机。克莱门蒂娜十分反对这件事情，因为她觉得太危险，面对拿出了罕见的严厉态度的妻子丘吉尔不得不放弃了这一爱好。第一次世界大战爆发后，丘吉尔主张的加里波利战役失败了，这使他在政治上遭受了巨大打击，他被迫辞去了海军大臣的职务。在这样的困难时刻，克莱门蒂娜一直默默的陪伴并支持着丘吉尔，为了她的丈夫，她甚至亲自给首相写信，信中说："虽然温斯顿犯过错误，可是恕我冒昧，我想说，温斯顿身上具有一种独特的高尚品质，他勇敢坚定，富于想像，你们现在乃至未来的内阁成员中也不一定有像他这样的人。"

可是丘吉尔已经对自己在政治上的前途失去了信心，他选择了去战场，只有战场上那种斗志才可以让他忘记那些不愉快的事情。他带着少校军衔赶奔了西线的战场。很幸运，他从血染的战场安全归来。在这次出征前，他给妻子留下了一封诀别信，信中阐述了他对死亡的漠视以及对妻子的无限柔情。在他奔赴西线战场的重要关头，许多人都很为他担心。可是克莱门蒂娜却没有，她相信自己的丈夫一定会平安归来。

在给妻子的诀别信中，丘吉尔这样写道："我这辈子能娶到像你这样的妻子，我感到很幸福很欣慰，你是我心中最高贵的女性。即使这次我死在了战场上，我也还会爱你。并且我盼望着我们一家人可以继续在一起共享生活。"在信中他还告诉妻子，要保存好以前的信件，特别是有关海军部的信件。他写道："我的爱妻，你是我唯一的遗嘱执行者，别着急，未来我一定会像真理一样被每个人所知。"丘吉尔认为，在以后的岁月里，一定会有人关注他在海军部时的工作，并且会发现他是完全正确的，特别是在主张进行加里波利这场尽管失败了的战役上。

尽管言语悲壮,但在战场上,丘吉尔并没有像他说的那么消极,而是表现得很勇敢很机敏,士兵们都非常尊敬和爱戴他。他的副官曾经这样在日记中写道:"在敌人的炮火下,他一点也没有退缩,他还总是对我们说,只要你知道躲闪,子弹就不怎么会打中你。"事实上,这封诀别信,更像是丘吉尔交给妻子的一封带有英雄浪漫主义和一点点无畏的乐观的特殊情书。

当然,对于这两个人来说这只是一个短暂的插曲。作为丈夫,丘吉尔与克莱门蒂娜之间的关系一直被他珍惜着,给了她无尽的关爱和柔情,当然,丘吉尔在克莱门蒂娜的心里也是十分重要的。在他们共同生活的这段日子里,克莱门蒂娜对她的丈夫有了更深一步的了解,她相信自己丈夫是可以成功的,因为他的性格和才能,所以当所有人都为丘吉尔担心的时候,克莱门蒂娜却安静如常。她一边在为丈夫祈祷可以平安归来,一边又在盼望丈夫在政治上的东山再起。因为她很了解丘吉尔,在政治上的成功才能让他真正的找到自己,他才会觉得更有意义。

这场婚姻给丘吉尔带来了温馨的家庭生活,他们婚后育有 4 女 1 男,婚姻生活中从未闹出过绯闻,这对丘吉尔的政治生涯也多有裨益。克莱门蒂娜对政治也很有兴趣,在丈夫仕途失意时,她总是给以安慰,有时还亲自帮助丈夫竞选。她对丈夫极其忠诚,把任何一个攻击丘吉尔的政治家都视作敌人。

二战浪漫曲

1922 年 10 月，丘吉尔因患急病入院，当他出院的时候才得知劳合·乔治政府已经不复存在。短短一段时间内，昔日的同僚和朋友就成了他的对手和敌人。在得知新政府要进行大选的时候，丘吉尔很焦急，并为此派出他的亲信为竞选的事情做准备。

但是情况远远没有他想象的那么简单，原本这座城市倾向于他所在政党的选民正因经济危机而转向支持另一边，加上丘吉尔的病体尚未康复，没法尽快投入到竞选活动中，同时面临着的其他多种问题使丘吉尔变得焦头烂额。人们对他的敌意显而易见，在这种条件下，大选的结果毫不意外地发展成了丘吉尔落败的局面。

这让身伤未愈的丘吉尔心伤不已，此后的大半年时间他都在法国南部的滨海城市戛纳休养并撰写回忆录。1923 年，回忆录《世界危机》的第一卷正式出版，没过多久，第二卷也开始《泰晤士报》上连载。10 月，《世界危机》第二卷正式出版。这种与竞选台上不同的叙事口吻让许多人重新认识了这个佝偻着身子登上竞选台的前议员。

在写作的闲暇之余，丘吉尔还画了许多画，他把绘画看的很重要，每天他都要画上两幅。人们对于他的绘画水平给予了他很高的评价，说他"具有这种特殊的才能""是位有前途的写生画家"甚至有人认为他的水平已经称得上是职业画家了。在这其中不乏恭维的人，可是丘吉尔绘的画的确很好。

他还给自己取了个笔名，叫做查尔斯·莫连。在 1921 年，他把自己的 5

幅画拿到了巴黎去做了一次展出,其中有 4 幅被人以很高的价钱买走了。

1929 年 5 月,又一次竞选到来了。丘吉尔乃至他的全家人对于这次竞选都格外的重视。连他的儿子伦道夫也发表了演讲,一家人都为了他的竞选活动而奔忙。可是最后的结果却是和落选的夏普很接近。拉姆齐·麦克唐纳所代表的工党政府又一次登上了政治舞台,丘吉尔再次落选了。

在保守党倒台后,丘吉尔在一家俱乐部里举行了告别宴会,与一同奋斗争取的同伴们话别。尽管丘吉尔在任职期间,犯过一些错误,也受到了很多人的攻讦,可是他却对自己的事业尽职尽责,勤奋努力,所以他做得很出色。

在丘吉尔离开内阁的时候已经 55 岁了。在他任职的这 20 多年里,他曾被多次挤下台,这是令他没有想到的是,这一次离开与下一次的上台整整隔了十年之久。这期间,写作和旅行占去了他较多的时间。

写作可以说是丘吉尔的老本行,但他的写作方式却十分与众不同。他在写作构思时,习惯自言自语,一旦决定了如何遣词造句,便会立刻大声朗读,由秘书速记下来。据说,丘吉尔的著作和演讲稿都是按照这种方法写出来的。

在 1929 年夏秋两季,丘吉尔带着家人来到美国和加拿大做了旅行演讲,同时还受到美国总统胡佛的接见。他曾这样写道:"能脱身于英国摆脱掉各种各样的麻烦,这是多么好的事情啊"在加利福尼亚,美国报业大王威廉·伦道夫·赫斯特对丘吉尔很是尊重,对他的到来表示了热烈的欢迎。在参观好莱坞时,丘吉尔又与查理·卓别林交上了朋友,他建议卓别林扮演拿破仑,甚至还动了为卓别林写一个这方面内容的剧本的念头。

1929 年夏天的美国,经济状况十分景气,所以丘吉尔刚来的时候,看到的还是一片升平景象。可是,当他们到达纽约后,正遇上纽约股票交易所大崩盘,美国经济开始走向了大萧条,并给世界经济造成了巨大的冲击。

这一年秋天,经济危机蔓延到了英国。工业产品产量急速下降和大批工人失业,使此时执政的工党上层人士与普通党员之间的关系日益恶化。这期间,经济危机成了政府和议会的主要议题。本来对经济就不感兴趣的丘吉尔,对于议会议员所罗列的冗长数字感到厌烦,他对自己的朋友说,议会的活动从来没有这样无聊过。

这一期间,麦克唐纳提出了一个推动印度自治的田。对此丘吉尔很担心,他觉得这让做会让印度人遭受很多无法估计的灾难与痛苦,最后必定失去印度。他与鲍德温产生了很大的分歧,导致了他们彼此之间最后的决裂。

1931 年 1 月末,丘吉尔给主持这一方案的鲍德温写了一封信,信中说:"我将退出'影子内阁',因为我们在印度的政策上分歧越来越大。感谢你以前邀请我与你共事,可是我觉得现在我不应该再参加了,但是我还会帮助你反对工党政府,在大选的时候,我也会尽全力不让工党成功。"丘吉尔认为自己有能力也有责任来围护大英帝国的光荣与统一。

他还组织了印度协商议会。在印度协商议会第一次会议上,丘吉尔发表了演说,他认为如果现在印度自治时机还不成熟,那将被认为是印度的专制主义,甚至还会引起内战的重新爆发。他还说:"迟早有一天,甘地的主张会被消灭,如果我们试图拿这点食物来喂'老虎',他是一定不会满足的。"

丘吉尔发表的演说引起强烈反响。麦克唐纳说:"他的演说从开头到结尾没有一点有益的东西,除了在表述帝国主义政府和他的下属人民之间的过时关系外,他丝毫没有讲其他内容。还声明自己对现代的每一次政治运动都不关心,真是既固执又傲慢。"

丘吉尔对印度的想法和对甘地本人可以说是一致的，在发表演讲时他曾经不避讳地说道："对于会见甘地一事我感到震惊，也感到作呕。这位中殿法学协会的律师，已经犯了煽动罪，竟然还要手托钵盂，以乞食或赴斋堂用餐的这种东方尽人皆知的僧人身份，半裸着身体，一步步的踏上总统府的台阶。"这种言论无疑背离了印度人民所期望得到的政治环境和国际环境。

　　虽然丘吉尔在保守党内有很多的支持者，可是他们还不想为此而更换自己的领导人。

　　官场的失意、议会活动的乏味，丘吉尔只好在写作上寻求安慰，并取得了较大收获。这期间，他写完了《世界危机》的最后一卷，获得舆论的好评。在此之后他一直笔耕不辍，对于种种自己所见加以整理讲述。

　　在野的十年间，丘吉尔通过稿酬，获得了一大笔收入。然而，丘吉尔一家却经常入不敷出。妻子克莱门蒂娜多年来为了支持他而出头露面，养成了穿衣打扮花销很大的习惯，惹得丘吉尔不时半开玩笑地抱怨说，得写大量文章才能支付一件她的新衣服。

　　其实丘吉尔自己也很讲究衣着，喜欢享用高级品。而他的儿子伦道夫也越发不成器，他埋怨父亲没有资助他在牛津大学完成学业，20岁就让他去当新闻记者。伦道夫从小嗜酒成癖，花钱和他父亲不相上下，赚的钱怎么也不够用。

　　1931年12月，丘吉尔赴美。途中有一天天气格外晴朗，闲来无事的丘吉尔便决定步行去拜访老朋友巴鲁克。在横穿马路的时候，不幸发生了。他因为不熟悉当地交规而被一辆车刮倒，被送进医院治疗，但幸好8天后他就出院了。

　　面对这飞来横祸，恢复知觉的丘吉尔表现得异常镇静豁达，他主动向警察说明事故完全是由自己的过失造成的,不应责怪司机。丘吉尔没有料到的是,这次意外还给他带来了一笔可观收入。身体稍有好转,丘吉尔便以车祸为题材,口授了一篇题为《我在纽约的一次不幸遭遇》的文章,美国各地纷纷转载,稿酬总额多达 2500 美元,这笔钱在当时足够他和随行人员在巴哈马群岛休养 3 个星期。

重返政坛

到了 1939 年夏天,不少保守党人认为应该让丘吉尔入阁,可是希特勒的扩张野心越来越大,1939 年 9 月 1 日清晨,德军入侵波兰,宣告第二次世界大战在欧洲大陆上打响了。战争的爆发为丘吉尔东山再起开辟了道路,丘吉尔的十年在野生涯也随之结束了。

德国入侵波兰的军队总共有 56 个师,其中包括其全部的 9 个装甲师和摩托化师。他们从 3 个方向进入波兰境内,而驻守前线迎击敌人的波兰军队只有 30 个师,他们的装备也远不及德军。波兰只有一个装甲旅,骑兵旅倒是多达 12 个,但又怎能阻挡德军的 9 个装甲师呢? 波兰 900 架第一线飞机在战争爆发的最初两天,就被德国 1500 多架飞机消灭殆尽。波兰军队的部署也有问题,他们料敌不足,守军散布在本国的边境一带,而没有建立纵深防御阻挡敌人。加上没有及时组织全国动员,致使其三分之一的军队在战争开始时还在后方。等到后续部队出发时,前线已经失守。号称有 200 多万人的波兰军队很快就全面崩溃了。

尽管波兰军队英勇抵抗,有波森兵团反攻德军的布祖腊河之战,有华沙和莫德林的保卫战,但是,到了 9 月 28 日,一切都结束了。不到 1 个月的时间里,一个拥有 3500 万人口的国家就这样被轻易地征服了。月末,苏德两国瓜分波兰的协议正式签字。可是对于波兰来说,亡国才是灾难的刚刚开始。

虽然苏联的行为让丘吉尔愤慨,但他却为苏联的行为辩解,这说明丘吉尔携手苏联共同抗击纳粹的愿望十分强烈。9月25日，丘吉尔在致战时内阁一文中发表了自己的看法，其口气显得很冷静。

"虽然在这几次谈判中，俄国人非常的背信弃义，但是伏罗希洛夫元帅曾经说过，如果苏联真的是波兰的盟国，那么他们的军队就要立即进驻维尔纳等两座城市。这是一个合理的军事要求，但是波兰却极力反对。而结果却没有什么不同，苏联还是强行占领了那些地方。

"为此俄国人动用了大量的军队，现在已经形成了德国和苏联在边界上的对峙，并且德国的东部防线一定会被攻破。于是德国不得不留下一支数量庞大的军队来防护。据我所知，甘默林将军的这支部队有20多个师，甚至比这个还要多，所以这条东部战线是可能存在的。它也会成为俄国和土耳其的极大威胁。"

幻想着把战争限制在条约中的张伯伦还在无用地努力着，然而却在1939年9月3日，这个幻想破灭了。由于英国和波兰此前签署条约，有保护波兰的义务，英国与德国宣战，下院也批准了政府做出的全国进入战争状态的决定。其实也可以这样说，是下院和舆论让张伯伦失了势，历史学家泰勒曾经说道："动荡不安的英国之所以加入了战争，完全是因为下院的强行推动。"当天下午，张伯伦对丘吉尔说道："我准备让陆军大臣和海军大臣参加战争时期的内阁，并且由你来担任海军大臣。"

丘吉尔已经离开海军部20多年了，当他听到这个消息的时候，显得非常激动，他马上捎话给海军部说，下午的时候他会去视察。

对于丘吉尔拉说，海军部的一切仍然是那样熟悉，唯一让他感到有些陌生只有面前这些军官们的面孔。以前担任海军大臣的时候，这些人还远未站到这个位置上来。为了更好确认战情和海上航路状况，他把作战会议室设在了自己的房间附近。

在丘吉尔上任没几天，英国客轮"雅典娜"号被德军的一艘潜艇击中并沉没，有 180 人丧生，其中 20 多名是美国公民。这一事件迅速轰动世界，希特勒为了避免激怒美国，发表声明将这一事件的责任归咎与丘吉尔。得知此事的美国总统罗斯福还给丘吉尔打来电话询问情况。

9 月 11 日，罗斯福以个人的名义给丘吉尔写了一封信。此后，他们也一直保持着书信的往来，所写的信件达一千多封。

丘吉尔再度出任海军大臣任以后，每天都在为工作紧张地忙碌着，把自己全部精力都放在了海军部，有的时候甚至一天要工作近 20 个小时。为了保持航线的通顺，也为了给军队提供物资和生活必需品，他决定建立商船护航制度，并且在商船上设置反潜武器，以防止敌军的偷袭。

然而由于绥靖政策以及海军内部的部署严重缺陷，使原本脆弱的舰队不堪一击。"无畏号"航空母舰的沉没更是让他痛心疾首。舰上 1200 多名官兵中约有 500 人不幸丧生。对于这件事，丘吉尔觉得应该公开透明，所以他允许新闻界对此进行采访报道。

波兰军队虽然抵挡不了德军的坦克，但还是从那里传出了鼓舞人心的消息。但这并没有动摇波兰人逃走的决心，在制服了看守的卫兵以后，将潜艇驶离港口。在没有航海图和还击能力的情况下，"奥泽尔"号躲过了来自海面和空中的追捕。几个星期后，潜艇由波罗的海进入北海。无线电联络信号虽然很微弱，但还是幸运地联系上了英国，10 月 14 日，一艘驱逐舰找到了它。"奥泽尔"号得救了。

张伯伦迟迟不赋予丘吉尔职务，一个很重要的原因就是，丘吉尔在他过去的日子里已经向人们证明了，他是一个习惯把手伸到别处的人。不论哪个部门，只要他认为有必要，就要管上一管。张伯伦认为，如果让丘吉尔回到内阁，那么他对其首相权威的挑战将会比任何一个人都要大，这是张伯伦不能允许的。只不过迫于压力，不得不让丘吉尔回来。

9月10日，丘吉尔给张伯伦写了一封长信，述说了他对战局的一些观点。信中提到1918年为进攻德国而铸造的两尊榴弹炮。丘吉尔认为在以前的战役中从未使用过这两尊炮，但是它们是非常优良的武器，并且非常重要，不可以丢掉。他的原因有几点：第一，应该看看现在在我们军队还有些什么；第二，应该立刻对它们进向修理，并且要不断研发新式的炮弹。而这种笨重的武器对我们来说也不是毫无用处的，因为我们对这种笨重武器的使用，往往会显得更加得心应手。在信中他还希望首相可以准许他在两年内建立起一支55个师的陆军。可是这种关于陆军的建设以及大口径巨炮的问题，应该不是海军部所管的事情。

在同一天，丘吉尔还给军需大臣伯金博士写了一封信，信中说：

"在1919年的时候，我还在陆军部，我就曾经发表指示，让士兵们把一些重炮上好油，然后储存起来，以备以后不时之需。如今看来那些重武器真的被发现了。在我看来，我们应该先对他们进行修复，并且制造新型的炮弹。如果陆军在此方面有什么帮助，尽可以和海军部拉说，我们会给予全力协助。"

也许伯金很了解丘吉尔的做事风格，所以他很快地就回了信，大致意思是：

"自从1938年的那次危机开始，陆军部就很关心你说过的那些重型武器，想找到以后加以利用。其中的几个大炮和榴弹炮已经在年初的时候及开始修理了。想必这些重型武器在储存前都做了细致的准备工作，所以他们的损伤都不大。但是有一些配件已经损坏，我们现在正在处理，并且很快我们就可以处理好。对于你的来信，我表示非常的感谢。

丘吉尔写给首相的信，一直都没有得到回复，于是几天后，丘吉尔又给他写了一封信，表达了希望他支持建立海运部的想法。在信中，丘吉尔陈明厉害关系，将成立海运部的迫切性分析的一清二楚。

经过内阁一个月的讨论以后，海运部终于成立了。

很明显，首相没有像军需大臣那样热情，他没有回信，丘吉尔不甘心，依旧写信给他。丘吉尔在信中仔细分析了当前的形势，对于可能发生战争的可能进行了深刻的论证。

鉴于心中所讲明的事情确实鞭辟入里，这次首相终于写来了回信，但是首相想要优先发展空军，而不同意丘吉尔增强陆军力量的建议。

从丘吉尔和张伯伦来往的信件中可以清楚地看出，丘吉尔总能先人一步看清事情发展的走向，而张伯伦却成为了一个绊脚石。如果丘吉尔在几年前就坐到张伯伦现在的位子，也许根本不会有第二次世界大战。可惜，在早些时候，丘吉尔有着"战争贩子"的称号，不受底层民众的欢迎，在保守党内部，也没有足够的势力。

为了使海军在人们心目中的形象重新被向正面方向竖立起来，海军部特别组织了一支巡逻护航队，它由航空母舰和战列舰组成的。12月13日，他们的搜寻终于有了成果，发现了德国的一艘战舰。

经过亨利·哈伍德准将的指挥，巡逻护航队把德国战舰击成了重伤。德国战舰逃到了一个"避风港"，那就是中立国乌拉圭首都蒙德维的亚港内，在那里他们被允许停留一段时间。英国巡逻护航队派了几艘战舰把港口给封死了。

过了不久，英国主力舰队来围剿那艘受重创的德国战舰。看到逃生已经无望，德国战舰舰长自爆战舰，自己也自杀了。

这一出色的战绩对英国军方产生了很大的影响。当主力舰队及巡逻护航队凯旋时，受到了隆重的欢迎。国王亲自检阅了这两支舰队的士兵，还为他们授予勋章。伦敦市长也对他们表示了热烈欢迎，在市政厅摆下宴席欢迎他们。

在此时，又传来了一个消息，英国的一艘驱逐舰闯入了挪威海峡，从德国人的手中解救近300名英国士兵。这本来是件让人高兴的事，可是挪威毕竟是中立国，所以在外交方面也许会有一些麻烦。为了得到政府的认可，丘吉尔只能给外交部施加压力，让他们妥善处理这件事。

作为战时内阁成员的丘吉尔，每天要参加各种相关会议。他纵览全局，提出实质性的建议和意见。在丘吉尔的不断督促下，内阁一致同意把陆军建制扩大到50多个师，以便在发生战争的时候可以援助法国。另外他还制定了许多计划。甚至他还大胆设想在挪威沿海以及一些主要的入海口投放水雷，以打破德国想从此处运送来自瑞典的铁矿石的美梦。可是挪威是中立国，所以这次侵犯挪威沿海的行动遭到了外交部的强烈反对。

英国对德国已经宣战很久了，可是到1940年4月，他们还是没有发动大规模的战事，之所以宣而不战，是因为英国怕现在对德国的刺激影响到将来的议和。抱着奇怪的近似古老的战争观的英国知道此时似乎仍然幻想着能在不必怎样流血牺牲的情况下压服已经露出獠牙的德国的美事。

1940年春，可能是由于德国忙于收拾巴尔干诸国，没搭理英法之故，使得英国对战争的准备从容而顺利，张伯伦居然对战争的形势乐观起来。他大概以为战争将会永远保持"奇怪的战争"期间的状态，或者英国将会像20多年前那样取得胜利。不过在这一点上，丘吉尔早在前一年9月写给他的信中就提到了。他在信中说德国早晚会对英法开战，并提醒张伯伦现在我们已经做好防范，可以从容的应对战争。可惜的是，这项建设性的提案没有能引起足够的重视。

在这段时间里，对于丘吉尔的几项投放水雷进行封锁的计划，战时内阁希望得到法国支持。但关于在莱茵河投放鱼雷的计划，很具有影响力的法国总理达拉第给予了否定，因为他觉得德国会因此加大对法国的报复。英国军方觉得首先应在挪威沿海布雷，可是日期一拖再拖，到了8日晚上，德国已经抢先对挪威和丹麦同时发起进攻。

从德国方面看，他们对挪威进行了一场残酷、精准的进攻，而挪威还处在毫无防备的状态下。德国驱逐舰看似和平常一模一样的驶回了挪威，可是在矿石的运输船上装满了军备物资与补给品，凭借这些武器，他们很轻松地攻下了纳尔维克等港口。

眼见情况不妙，到了10日，英国舰队加强封锁海港入口，而此时，英国战机也成功的袭击了德军舰队，双方彻底撕破脸皮开始作战。在战事刚开始的一周内，英国军队击沉了近10艘德军的运输船和供应船，这使德军遭受了沉重的打击，可是英军的损失也比较严重。

在开始战斗的这段日子里，丘吉尔一直在操劳，甚至有的时候夜里也在办公。在尼科尔森的日记中也曾对当时的丘吉尔进行过描述："他的精神很差，像是没有睡好觉，有的时候，甚至连话也说的颠三倒四。"

二
战
浪
漫
曲

挪威战场上的惨烈引起了英国国内的恐慌，反对党趁机要求组织辩论。很快，辩论会议在下议院展开。议员们的情绪很激动，反对张伯伦执政的呼声也越来越强烈，而且这种趋势渐渐明朗。

第二天，这场辩论仍然在下议院继续。反对党的态度十分强硬，议员赫伯特·莫里森甚至要求对张伯伦政府进行信任投票。连自由党人劳合·乔治也说道："我认为，目前这个状况，首相应当辞职让贤。没有什么比这更能够对胜利做出贡献了。"

劳合·乔治继续说道："但是，我并不认为海军大臣在这次事件中，应当承担任何责任。"丘吉尔立刻反驳："身为海军大臣的我对海军部的所做的一切，承担全责。"丘吉尔的抢白让劳合·乔治很不高兴，他厉声警告丘吉尔，不要为了想帮张伯伦掩饰而把所有的责任揽到自己身上。丘吉尔竭尽所能地为张伯伦辩护着，但是议员们的情绪已经到了激动得几乎无法控制的程度，丘吉尔的话无数次地被打断了。震耳欲聋的喧闹声染发丘吉尔的声音显得很单薄。但是，可以肯定的是，人们的喧嚣不是针对丘吉尔，而是首相张伯伦。

在最后的信任投票中，张伯伦虽然勉强通过，但是这次投票仅仅只有81票，与过去的200多票相比这已经非常能说明问题了。张伯伦也明白了现在的局势，于是，张伯伦觉得自己已经无法再胜任这个职位，成立一个新的联合政府似乎已经是很有必要的了。

5月9日,张伯伦召见了丘吉尔和哈利法克斯,并有意让后者接替自己的位置,但需得到现在举足轻重的人物丘吉尔首肯,但是丘吉尔一句话也没有说,张伯伦眼见得不到支持,事情只得不了了之。

就在英国内部为战争决心而扯皮不休的时候,昨天还对低洼国家表示友好的德国,在第二天的清晨在毫无理由又无警告的前提下,对低洼国家发动了闪电战。德军坦克、火炮以排山倒海之势越过边境线,向低洼国家袭来。

由于工党的强烈反对,张伯伦已经无法继续担任联合政府的首相,而日益紧迫的形势要求强有力的人出来主持政府工作。

后来,丘吉尔回忆说:"我收到了觐见国王的通知,到王宫等了一会儿便被引见了英王。当时,英王很客气,他让我坐在一边的椅子上。英王用睿智的眼神注视了我一会儿,对我说:'也许你不知道为什么我召见你。'我说是。英王明显得意地笑了,他说:'我要你组建新的内阁。'我说遵命。""我感觉到,一旦爆发战争,那么,一副极其沉重的担子就会落在我的身上。所以,在等待期内,我要尽量保护自己的安全。"

当晚,丘吉尔马上会见自由党和工党的领导人,尽快建立起一个战时内阁,而他要保证内阁成员的名单将会在晚上12点之前交给英王。在会议上丘吉尔建议工党在议会中的比重应该是三分之一,并希望他们能尽快拿出他们提供的人选名单。

几个月以前,负责在德法边境防御盟军的是42个没有配备装甲部队的德国师。当时法国人曾为这漫长的防线难以守御而犯愁,却没有想过,对于德国人来说,那也是一条漫长而难以守御的防线。只不过,法国人因为认定德军强于自己,而不敢发动进攻。

到了1940年5月,形势发生了巨变。德国在摧毁波兰后,军力大增,共有约155个师,其中有10个师是装甲师。由于希特勒与苏联签订了协定,所以德国可以将驻扎在东线的军队尽量减到最少。于是,希特勒便可以从容地部署一百多个师和 10 个坦克师的强大兵力于西线。10 个坦克师拥有将近 3000 辆装甲车,其中至少有 1000 辆是重型坦克。

这只庞大的装甲军团分 3 个军群分布在从北海到瑞士的战线上,英法两国对德国的军队数量和部署都不清楚,他们在西线共有 103 个师,其中包括 9 个英国师。加上比利时和荷兰的军队,基本与德军达到兵力相当的程度,足可与之一战。然而盟军没有得到统一调动,使控制系统简约严密的德军有机可乘。

双方在飞机战斗力上,也有差距。英国在法国部署了空军,但不足以压制德国的空中优势。英法两国都没有足够现金的俯冲轰炸机,而这种俯冲轰炸机在波兰战场上表现优异,已经成为当时战争中的重要武器。在后来的战斗中,同样表现出色。不过这次遭受打击的,不再是波兰人了。

由于法国人主动放弃进攻的想法,德国人成了唯一的进攻方。作为进攻的一方有着许多好处,首先不用担心防守;其次,在进攻的时间、方向和兵力上,可以进行自由地选择。就像屠夫在看着案板上的肉。

从整个兵力部署上来看,法国东部和南部的军队占据其总兵力的一半左右,较多也较为强力,所以,德国人并没有把进攻的目标放在这两个方向上,而是选择了北面。他们从一开始就没有硬碰马奇诺防线的打算。

低地国家各怀心思。荷兰保持中立,他们一方面相信希特勒信誓旦旦的许诺,另一方面对他们的洪水防线信心满满,洪水在需要的时候就会成为阻挡敌军入侵的天险。

这一招也许在上个世纪能有效,但这是 20 世纪的现代战争。比利时人同样恪守中立,他们认为只要向希特勒展示一种不与英法交好的姿态,就能避免战争。他们这样想也是有道理的。过去的 7 年,英法两国政府的懦弱太让人失望了,对希特勒步步妥协,倒像是上一场大战德国是战胜国,而英法是战败一方。比利时政府已经不能相信英法这两个过去的盟友,能在危难时抵挡住德军。比利时人想用自己的方式避免国家的覆亡,他们把百分之九十的军队布防在同德国交界的边境上,却不准盟军参与他们的国土的防御。

此时的比利时人认为德国队条约还是比较尊重的。可惜,希特勒是一个伪善、贪婪的说谎者,他最近几年都没说过什么真话,将来的日子里也没有这类打算。由于低地国家的不合作,使得英法两军没能及时在那里形成有效的防线。

盟军对待阿登山脉的态度也是有问题的。而且,在这里设防的军队也远不能算是精锐善战。这也就意味着,在这条长达 50 英里的防线上,既没有强有力的防御工事,而且在守军中,只有两个师是正式军队。

英国人曾经发现了这个问题,但是一直没有同法国就此讨论。因为他们觉得,自己派出的军队只有法军的十分之一,他们是没有道理去指责法国人的。另一方面,德国人却很清楚法国的兵力分布以及战略部署。他们相信,在现代化的机械化武器下,配备强大的工程兵,渡过阿登山脉是轻而易举的。法国必然会被打得措手不及,这是扰乱法国作战计划的最好途径。

一场大战已经在所难免了。

荷兰和比利时在没有得到任何预兆的情况下遭到了德国的袭击。150英里长的战线变成一片火海。反应过来的荷兰女王和她的政府已经无法抵挡德军的快速突进,整个执政团队和国家机器被英国海军接到了英国,继续坚持战斗。

13 日,担任首相的丘吉尔参加了下院会议。在会议中,艾德礼和张伯伦坐在丘吉尔的左右,而丘吉尔坐在前排议席。丘吉尔在会上发表了自己的就职宣言,同时,颁布了新政策。在投票过程中,丘吉尔的新内阁以全票通过了议会的一致认定,得到了全国上下的一致支持。

参战的最初几天,盟军的表现还不错,没有迹象表明他们会战败。可是接下来,形势变得恶化起来。5月15日,法军防线上被攻破出现一个差不多有50英里长的缺口。

在德国坦克部队面前,这个缺口足以致命,而德军也确实没有浪费整个机会,士兵们斗志也十分高涨,以势不可挡之势,攻破法国人和比利时人的防线。不久之后,有欧陆第一之称的法国陆军在德军铁骑践踏之下溃不成军。

这天清晨7点半左右,丘吉尔接到了法国总理雷诺的电话,在电话中,雷诺语气沉重地说:"丘吉尔,我们败了。"丘吉尔十分意外:"不会吧? 在这么短的时间内?"雷诺回答说:"色当防线已经被攻破了,德军的步兵和坦克插进了防线深处。失败犹如瘟疫一样在前线传播。"

丘吉尔没有意识到战争形势的变化,他说道:"之前的经验表明,德军的这种战术在不久之后便会停下来。在上次大战中,德军在保持快速进攻五、六天后,便停止前进,等待补给,这段时间便是我们反攻的机会。这个结论,是福熙元帅亲自对我说的。"结束电话后,丘吉尔决定亲赴法国一趟。

15日上午,荷兰投降。夜间,德军的装甲师已经行进到蒙科尔内。原本驻防在蒙科尔内的守军已经撤退了,驻扎在蒙科尔内北面的盟军也已经撤退了。

第二天,丘吉尔飞抵巴黎,和法国领导人进行了会谈。法国陆军的司令甘默林向丘吉尔简单地介绍了目前的形势,德军已经突破色当防线,正在以十分惊人的速度前进,而且还有8到10个摩托化师跟着。法国被迫撤退,迎击的法军不是被击败就是被击溃了,形势十分糟糕。丘吉尔听后,略微沉思了一会儿,问道:"那么后备部队在哪里?"顿了一会儿,丘吉尔用法语问道:"机动部队呢?"回答他的是无奈的否定:"都用尽了。"

丘吉尔从法国回来后就召开了战时内阁会议,把他巴黎之行和他所见到的局势尽可能详细地向阁员作了报告。战事越来越危机了,丘吉尔已经有了一种不详的预感,不久,英国就会失去最主要的盟国。英国内阁觉得丘吉尔首相应该与美国就此沟通,于是他向罗斯福总统发去了两份紧急求援电报。

在第一份文件中,丘吉尔把目前的形势详细地告诉罗斯福,同时指明现在的情况对英军不利,但是他有信心能够坚持到最后,但是需要美国提供一批物资给英国,最好是借几十艘军舰,以解英国目前的燃眉之急。

两天后,丘吉尔给罗斯福发去了第二份电报:"关于你和洛西恩的谈话,洛西恩已经向我汇报了。对于那些驱逐舰,如果不能在六个星期只能内赶来,那么,他们就无法发挥出最大的效用,对此,我感到很遗憾。

法国目前的战事很紧张,虽然,我们的空军给予了德军很大的打击,但是德国空军的数量庞大,占据着很大的优势。我们很迫切的需要在最短的时间里,贵国能为我们提供一批战斗机。

"如果我们得到了那些物资,那么在空战中,我们能够和德军势均力敌,然而,一旦我们在战争中失去了先机,那么现政府即会倒台,在废墟中成立的新政府将会和德国人谈判。如果美国希望这样的事情发生的话,那么,在孤助无援的情况下,我的后继者将不得不接受德国人提出的要求,屈服在他们的意志下。这绝对不是全世界爱好和平的国家和人民愿意看见的。那么,我们所能依赖的唯一优势就是舰队了。此外,在一次谢谢总统先生你的好意。"

丘吉尔在 5 月 20 日的战时内阁会议上,讨论了军队被逐到海上的可

二
战
总
统
的
家
事

能性。丘吉尔认为，现在准备制定一些预防措施是有必要的，海军提前调动一大批船只，集结在法国港口和港湾。为了那个可能存在的撤退，在集结了海军本身拥有的船只之外，他们还征集了一切何以使用的船只，并把这项作战计划称之为"发电机"。后来，这项作战计划被证明是必要的。

丘吉尔曾问过空军参谋长：可不可以空袭德军装甲部队宿营的地方，以阻止他们前进。在 21 日，他又给法国总理雷诺发去电报，提出了与坦克作战的个人见解：

"想要阻止坦克部队的前进几乎是不可能的，但是，一味地拦截也不是最好的办法。打开几个缺口并没有什么大不了，几辆坦克开进某一个城镇起不了多大的作用。城镇是由步兵把守的，一旦坦克兵走出坦克，便会遭到步兵的狙击。在缺水、缺粮、缺油的条件下，德军内部自会乱成一团。

"每一个占有重要意义的城镇都应该用这种办法来应对德军的坦克。在开阔的地带，出动小股机动部队来拦截他们，使坦克的履带受损，降低性能。德军的主力部队往往在装甲部队的后方，直面进攻是不明智的，应该转而攻击德军的侧翼。战斗的局面一旦混乱，就会演变成对我方有利的局面。

"德军在破坏我们的交通线的同时，我们也应该破坏他们的交通线。对于战争的形势，我比战前更有信心。驻守在各个线上的军队应当同时作战，英军也将尽快参与作战。当然，这些只是我的个人意见，现在只是把它说出来罢了。"

应该说，丘吉尔讲得很有道理，不过好像没人尝试，也没人在意。

德军装甲部队突破阿登防线后，高速推进，很快就切断了盟军北方各集团军同南方以及同海岸的交通线。法国方面没有同意下达总撤退的命令。虽然撤退会使人员和物资遭受非常巨大的损失，但能避免被分割包围的困境，可以及时在法国南部形成新的防线。等到英法当局达成一致意见

二战浪漫曲

想要撤退时，又错过了战机。

到了 5 月 25 日，法国北方的盟军交通线已经被全部切断，往南方逃跑的希望也没有了。比利时军队的防线被突破后，国王利奥波德自知大势已去，准备投降了。盟军被德军包围，陷入了绝境，从海上撤退成了他们唯一的希望。他们退到了敦刻尔克，在那里建立了一个临时阵地。

就在这关键时刻，德军停止了进攻。而且，龙德施泰特作为德军的优秀将领已经预见到了，盟军南北两方的军队很有可能像两把铁钳，夹击分散的兵力。因此，希特勒感觉到装甲部队应该就地防守，步兵攻击阿拉斯以东地区。于是，德军错过了这个一举消灭盟军有生力量的最佳机会，而盟军则获得了一个难得的喘息机会，他们加快撤退的速度，为以后的反攻储蓄了兵力。

5 月 26 日随着命令下达，"发电机"作战计划从这一刻起开始实施。旨在拯救被围困在法国北部的盟军的"敦刻尔克大撤退"正式拉开了序幕。

在救援行动开始时，英国当局认为希特勒只留给他们两天的时间，他们最多只能救出大约 5 万人。好在丘吉尔在 5 月 20 日就开始了船只的调集工作，使得救援工作进行得比较顺利。5 月 27 日晚，比利时军队向德军投降，局势变得更加危急。这天夜里，总数达到近 400 只的船只集结在一起，它们在此后起到了极大的作用。在敌人空袭追杀之下，这些船只也遭受了严重的损失。

在接应撤离的海岸上，撤退有条不紊，并不混乱。建制完好的部队开始组织防御，损失最大的部队先行撤退。负责掩护撤退的部队有 3 个军，他们有效地阻止了德军的前进的脚步。

希特勒认为可以用无情的空袭，来阻拦盟军的撤退，他不认为那些小船能起什么作用。让希特勒意想不到的是，空中轰炸的效果不佳。最初轰炸并没有造成盟军的伤亡，以至于此后，盟军兵士对空袭满不在乎了，他们蹲在沙坑里任凭炸弹在远处落下，静等回家的船只。

同时，英国和德国的空军质量差距之大，也让希特勒没有想到。在空战中，英国空军优势明显，德国空军损失较大。这也影响了空军的轰炸效果。

只是这云层之上的战斗，地面上的人是看不到的。他们被德国人轰炸得恼了，认定空军没去作战，对空军产生了一种强烈的愤怒情绪。丘吉尔发现了这种情况，他在议会中刻意强调皇家空军的无畏和善战，努力为那些背负骂名的勇士们恢复名誉。

德国人原本以为，被困在敦刻尔克周围的英法联军必死无疑。一些小船，是不会改变最后的结局的。但是，4天后，德军陆军总司令和总参谋长惊讶地发现，这些小小的船只竟然扭转了战争的局势。曾经认定的事情在自己的眼下被改写，尽管派出了空军进行轰炸，但是，他们还是眼睁睁看着盟军在自己眼前逃走了。

5月30日，从法国撤出的兵员总数已达12万人，其中只有6000法国人。海、陆、空三军大臣和参谋长们举行了会议，丘吉尔用强调的口吻说，英国需要加紧撤离行动。如果法军撤出人数过少，无疑会严重损害对英国和其他同盟之间的关系。英军要坚守阵地，最大限度地拖住敌人，以便法国军队得以继续撤退。

为保持必要地接触，丘吉尔在5月31日飞赴巴黎。在那里，丘吉尔和法国高层讨论了战争局势，他告诉法国人，在敦刻尔克已经撤退了16万人，其中有法军1.5万人。法国人大吃一惊，既为撤出人数之多而惊，也为法军撤出之少而惊。

丘吉尔不得不加以解释，这大部分是因为在撤离点附近有很多英军人员，这些单位的人员不承担战斗任务而先于战斗部队从前线撤下。此外，关于撤退的命令现在还没有传到前线的法军那里。

法国政府打算让英国军队先上船，由法军断后。丘吉尔不同意，英军决不先上船，应和法军按同等数字撤退，所以现在开始由英军担任保卫工作。两国政府就此达成共识。

5月31日和6月1日，敦刻尔克大撤退到了最后的高潮，两天撤出的士兵共有13万人。随着撤出部队的减少，海岸上担当阻击任务的力量也在减弱，撤退工作只能在黑夜中进行。6月2日，英军全力组织船队在当夜前往敦刻尔克港。

在午夜以前，英国的后卫部队就上船了。尽管船队还有力量和意愿带走更多的战士，可是还是有几千人没能撤走，他们为掩护英国和法国的同伴而战斗到最后一刻，他们要在俘虏营里渡过今后的岁月。不过他们的努力是有成绩的，很快，丘吉尔便向下院通报了这次撤退行动取得的巨大成功。

撤回英国本土的25万英军士兵，接到的第一个命令就是放假回家，他们得到了7天的假期。重新回到家里与亲人相聚后，归队的士兵士气高昂、精力旺盛。他们成功地回到祖国，让整个英国弥漫一种胜利的气氛。但撤退不是胜利，英国人面对的局面不是缓和了，而是更加艰险了。

在敦刻尔克大撤退中，最大的损失就是英国远征军的装备，士兵们几乎空手而归。英国人要想重新武装他们的士兵，恐怕要好几个月，问题是，德国人给不给他们这个时间。

这时候，美国人伸出了援手。罗斯福得知英军主力安全返回，但是丢掉了绝大部分装备，便下令支援英国，向那里运输军火。6月3日开始，美国的大批步枪、野战炮、机关枪，以及子弹、炮弹等开始在美国军械仓库以及兵工厂包装好，并快速装船。6月11日，12只满载军火的英国商船起航，并在

二战总统的家事

7月安全到达英国。这些军火将一百万英国国民自卫军武装起来，英国人也有了正式的武器，在未来对付德军的时候，不再用干草叉和连枷了。

在运给英国这批军火之后，美国的武器装备已降到其陆军动员计划规定的最低限度的数量，可谓是倾囊相助。美国人从军火库中拿出了数量巨大的武器，去帮助一个看起来就要战败的国家，而因此得罪了正在计划吞并整个欧洲的纳粹德国。

虽然从敦刻尔克撤出了33万陆军，其中有25万是英军。但他们加上英国本土的军力，也不能阻挡德国入侵。尽管英国已经动员了许多民兵，但他们的战斗力与正规军，尤其是参加过战斗的有经验的老兵，差距还是很大的。丘吉尔急切盼望有更多的正规军队来扩充自己军队的力量。他在6月6日给陆军大臣写了一封长信，希望把驻守在海外的英军调回国，并提出几点自己的建议，以及以后的战略部署问题。战争当中，这位矮胖的英国强人支撑起了欧洲的一片天空，最终迎来了与苏联和美国的战友一起击退法西斯的一天。

充实的晚年生活

艾森豪威尔总统上任以后，世界似乎变得更加喧嚣起来，到了1953年，丘吉尔内阁相继经历了多件大事，包括英王乔治六世逝世，斯大林逝世，伊丽莎白二世继承了王位。随着世事变迁，用老态龙钟来形容此时的丘吉尔，可能有一些过分，但以他现在的年龄也体力，加上生病之躯，只怕是为国效力也是心有余而力不足了。不过幸好，8月后，丘吉尔渐渐康复了，开始逐渐恢复正常工作。

在丘吉尔康复前，有很多人都在议论两个问题，一是丘吉尔的辞职，一是保守党的新领导人。丘吉尔谈到自己对此的看法时说道："以我现在这么大的年龄，还肩负这样的职责。这并不是因为我贪恋权势或是占据高位而不想下来，可以说，这两者对我来说已经不重要了。我现在会继续留任，也是因为我有心中有一种很强烈的感觉，感觉我还可以做一些力所能及的、有利于国家的事情，我现在最关心的就是和平。"

丘吉尔是一位非常优秀的政府首脑，不管是在管理国家方面，还是在个人爱好方面，他都取得了令人刮目相看的成绩。

因为丘吉尔要去参加英法美三国政府在百慕大举行的会议，所以没有时间去领奖，由他的妻子代他去斯德哥尔摩领奖。人类在所有领域中的力量都得到了增强，唯独无法驾驭其自身。

人类活动领域里所发生的事件似乎从未如此地冷酷无情，以致人格的力量日益渺小。欧美和苏联的关系在战后日渐交恶似乎证实了这一点。

一直以来，丘吉尔都在努力实现他把和平关系良好维持下去的理想。1954 年初,他曾会见当时的苏联领导人马林科夫,就是想实现这个理想,尽管他知道美国不愿意。原本丘吉尔是想访问苏联的,但是随着马林科夫的下台此事丘吉尔再也没有提起。

由于年事已高,丘吉尔觉得自己已经力不从心。此时的丘吉尔已经 80 岁了,而且马上就要到了这个非常有意义的华诞了。

辞职的日子终于到来了,这是他决定的日子,也是他不得不面对的日子。在决定在这一天辞职前,丘吉尔提前召回了艾登。

在丘吉尔一生中最后的日子,他回到了自己少年时代的居住的庄园当中。尽管时有出访和活动,但是他绝大多数的时间都是在这里度过的,只是偶尔的时候,才会去伦敦附近的海德公园街 28 号的住所。

作为继任者,艾登是非常大胆的首相,当接任首相之后的第八天,他就宣布了于 5 月 6 日解散议会,26 日举行大选。当然,让当然不会忘记提携他的丘吉尔。他发挥自己的影响力,使丘吉尔继续在伍德福德选区当选。

但是,丘吉尔去议会的次数越来越少了,而且到了议会之后也只是默不作声的坐在一边。尽管他周围的一些人在激烈地争吵着,可是他却好像什么也没有听见一样。他对于所争论的问题只参加表决,也不参加争论,即使有人请他发表高见。

但是,丘吉尔并没有完全的远离政治中心。

丘吉尔对于人类社会所做的贡献,在全世界人民眼中,是有目共睹的。也许是对于这份贡献的报答,作为一个政治家,丘吉尔可谓高龄长寿,他的健康状况令许多更加年轻的人都为之羡慕不已。

不过,自然规律毕竟是不可抗拒的,进入到 20 世纪 60 年代之后,丘吉尔的身体日趋衰弱,他在谈话的时候必须借助助听器才能听清别人说话,双腿行走变得无力,需要专人搀扶看顾。1960 年,丘吉尔在卧室中摔了一跤,跌断了背部的一根骨头。

1962 年夏天,丘吉尔再次严重摔伤,这一次更加严重,他的胯骨发生了骨折。麦克米伦闻讯后,立刻指示英国空军出动专机把丘吉尔接回伦敦治疗。所幸接骨手术非常成功,几个星期后他又重新站立了起来。

丘吉尔的兴趣爱好也有所转移,写作、绘画等嗜好逐渐淡出了他的生活,取而代之的是阅读和电影等。有时他也前往摩纳哥著名的赌城蒙特卡洛小试身手,住在当地的巴黎饭店。

1964 年,丘吉尔决定不再作为议员候选人。65 年之久的议员生活就这样结束了。下院为他举行了热情的欢送会。各个政党的代表一个接一个地发言,赞扬 80 岁高龄的丘吉尔在英国政治生活中的巨大功绩。下院通过决议表彰丘吉尔维护英国议会制的贡献。

丘吉尔的朋友和医生考虑到不能让他过分激动,所以没有让丘吉尔参加会议。第二天,丘吉尔来到议会坐到自己的议席上,议长正式向他递交了头天通过的决议,并且宣读他简短而热情的答辞。

1964 年 11 月,丘吉尔迎来了自己的 90 岁生日。29 日,丘吉尔出现在位于海德公园旁的寓所窗口,向聚集在门外的伦敦市民致谢,当晚他还兴致勃勃地收看了英国广播公司电视台为他的生日制作的特别节目。

30 日,丘吉尔既收到了六万多的礼物、信件以及电话,这其中还有女王伊丽莎白二世赠送的礼物。这天中午,他在床上美美地享受了一顿丰盛的午餐,随后又在卧室里会见了新一任的首相威尔逊,后者向丘吉尔转达了内阁的祝福。

当天在海德公园街的居所来了很多拜访他的人。当时的丘吉尔穿着一身类似于战斗时期样式的古怪服装,幽默地向来看他的人们表示致意。

丘吉尔顽强的生命力让关注他的人们一直惊叹不已。早在 20 年前,伦敦的一家新闻电影公司就受命组织一个电影摄制小组,准备拍摄丘吉尔葬礼的文献影片,现在该小组的 3 个摄影师已撒手人寰。在当时的欧洲,丘吉尔简直是创造了奇迹。

不过,该来的总是要来的。1965 年 1 月 9 日,丘吉尔长期形成的生活规律突然出现重大变化,当天晚上他不再抽雪茄,同时也拒绝了白兰地,这在以前绝对是难以想像的事情。第二天,他卧床不起,食欲不振,神志不清。

1 月 24 日,这个日子对于其他人来说也许是非常平凡的一天,可是对丘吉尔来说却是非常特别的一天,也是他生命旅程的终点。享年 90 岁。

死讯传开后,丘吉尔的名字再度成为举世瞩目的焦点。《星期日泰晤士报》发表的一篇纪念文章中写道:"英国在哀悼,全世界都与它一起在哀悼,丘吉尔的逝世本身就是历史事件。

今天的孩童不仅要牢记这一历史事件,而且到了晚年还要讲给自己的儿孙听……对丘吉尔的哀悼已经使现代生活显得不那么重要了。"

丘吉尔逝世后,英国官方为他举行了国葬。在葬礼的前一个星期,议会就开始休会。在威斯敏斯特大教堂里举行了丘吉尔的仪容瞻仰仪式。

在仪式中,灵柩最开始由议会议长和三个政党领袖来守护,后又换上了国防部和陆海空三军四位参谋长守灵,当时前来瞻仰的人数竟超过了 32 万人。

1965 年 1 月 30 日,伦敦在瑟瑟寒风中为这位英国历史上最伟大的首相送行。9 时 45 分,运载丘吉尔灵柩的炮车离开议会大厦。

这辆制作于 1880 年的炮车经历不凡,它曾出现在维多利亚女王、爱德华七世、乔治五世和乔治六世 4 位君王的葬礼上,不过这次是第一次运载

二战浪漫曲

一位非王室血统人士的灵柩。

丘吉尔灵柩上覆盖着一面英国的国旗，其上放置着耀眼的嘉德勋章。在一分钟一发的吊唁礼炮声中，炮车车轮缓缓向前滚动，陆海空三军军乐队轮番吹奏贝多芬和肖邦的葬礼进行曲。

炮车后面是一支3500多人的送葬队伍，街道两旁挤满了自发赶来的各界人士，悲戚之情笼罩在每一个人的脸上。11时45分，炮车来到圣保罗大教堂，伊丽莎白二世和王室成员都聚集在这里默默的等候灵柩的到来。

在此之前，王室成员从不出席这类仪式。参加国葬的还有许多外国政要和社会名流，其中包括法国总统、西德总理、苏联元帅、美国前总统和日本前首相等。

13时30分，隆重的国葬仪式在丘吉尔生前最喜欢的赞美歌声中宣告结束。按照丘吉尔生前的嘱托，他的灵柩被送回了家乡。灵柩离开码头时，礼炮鸣了19响，英国皇家空军的战斗机也在为他送行，飞行队形成分列式。

据跟随灵柩返乡的丘吉尔的一位战时秘书写道："当时，我从火车窗户向外看，看到了两个人的举动足以证明丘吉尔在普通人心中的地位：一个老兵身穿皇家空军的旧制服，站在火车道旁的自家屋顶上向送别的火车立正敬礼；另一位是在田地里的农民，他矗立在那里取下帽子，远望着丘吉尔的火车，低头默哀。"当举行完葬礼后，雷登教堂的小墓地成为了丘吉尔永眠的地方。

丘吉尔的出色才能是世界公认的。美国总统艾森豪威尔在战争时期是欧洲盟军最高的统帅，他给予丘吉尔的评价是："假如在某些事情上或是某些观点，如果和丘吉尔有抵触的话，你想要争辩过他是相当有难度的……对于丘吉尔这样的领袖，我是非常钦佩他的，也很喜爱他……"

丘吉尔不平凡的一生跨过了英国历史的一个重要时代。他见证了"日不落帝国"霸权的衰落，即便有他这样人物存在，也不能改变历史前进的方向。作为首相，他也曾试图力挽英帝国的余辉，但世界范围内的民族解放浪潮使之不得不放弃这种奢望。

一代名相丘吉尔走了，然而他留给人们的思索却是永恒的。

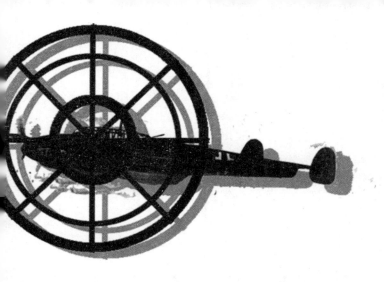

艾森豪威尔的家事

他是无往不胜的军人，也是扛起家庭的男人，更是一位杰出的总统。然而在戎马半生治国数载之后、临终之前，却深情地以遗言的方式表达了对自己所深爱的人和国家的眷恋。用这最朴实而最有力量的话，抒发了自己的感情，表达了他对家人无尽的关怀，对祖国的热爱。这个人是谁？这个总统是谁？他就是美国历史上著名的五星上将，第二位军人出身的总统——戴维·艾森豪威尔。

艾森豪威尔是一位极富传奇色彩的人物。他多年率军征战，战功卓著。二战中，他以欧洲盟军最高统帅的身份指挥千军万马作战。面对法西斯的疯狂进攻，他不急不躁，指挥冷静而果敢，在数次重大的战役中都取得了辉煌的胜利。在战争中他所做的一切努力和表现出的才能与智慧受到下属的钦佩与爱戴。战后，他受到美国人民的拥戴和支持，登上了总统的宝座。他勤勤恳恳，努力工作，取得了辉煌的政绩。人们"神"一样的膜拜他，但是他是一个人，一个同样有着感情历程的人，一个同样有着家庭生活的人。

初坠爱河

1890 年艾森豪威尔在美国德州出生。自小对军事兴趣极浓,他喜欢看军事战争的书籍,对各国的历史颇有研究,对著名的战争也颇有建设性的见解和主张。带着这一份热爱,带着这一种执著,他调动了自己所有的聪明和智慧,最终在 21 岁的时候以优异的成绩考入美国西点军校。艾森豪威尔带着对自己军旅生涯的憧憬和向往走进了这个他梦寐以求的殿堂,开始他的军事人生路。艾森豪威尔加入了一个非常优秀的集体,在他同届毕业的不到二百人的学员中,人才济济,将星云集而尤以他最为出众。西点军校的盛名也因为他们这一届的出类拔萃而远扬海内外。

艾森豪威尔进入军校以后,学习刻苦,坚持不懈。经历了四年的军事技能的训练,经过了四年军事战术知识的学习,艾森豪威尔以少尉的军衔走出了这个成就他一生梦想的西点军校。

1914 年,一战爆发,各国列强开始了彼此之间的正面斗争,战火蔓延了整个欧洲,并波及亚洲、非洲的部分地区。而远在大洋彼岸的美国却没有被战火波及。美国便以其独有的姿态置身于战争之外,美国政府表示了对这场战争的中立态度,出台了中立政策。

然而大多数为欧洲后裔的美国民众,对政府的中立态度表示无法接受。他们希望能够投入到战争中去,以武力的方式阻止"同胞"们的自相残杀。因此美国国内掀起了一股志愿到欧洲参加战斗的浪潮。艾森豪威尔的很多战友都纷纷登上了远赴欧洲的征程。当然,艾森豪威尔也心潮澎湃,他

二战总统的家事

123

是一个拥有满腔热血的青年军人,他也想到欧洲的战场上去为化解和阻止这场战争贡献自己的力量。

也许是缘分天定,也许是"幸福"不容许他逃开。艾森豪威尔的申请一次次被退回,最后被指派回到老家德克萨斯,这让向往欧洲的艾森豪威尔懊恼不已。不过他来到德克萨斯不久,就邂逅了他的爱情女神——玛咪。

故事还要从艾森豪威尔初到德克萨斯时候讲起,那个时候艾森豪威尔几乎沮丧到了极点,不能到欧洲去参加战斗成了当时艾森豪威尔内心里无法抹去的一片阴云。

圣安东尼奥这个城市对于艾森豪威尔而言是极其陌生的,甚至于他连这个城市的名字都没有听说过。他结束在西点军校的枯燥生活,为到了这座陌生的城市。在西点军校学习期间,每天的生活内容除了训练就是学习一些枯燥的军事理论知识,没有丝毫的时间在自己的支配范围之内。到了这里一切都变得轻松而愉快得多了。没有往日训练的乏味和枯燥的军事理论课,艾森豪威尔的生活显得十分轻松,极其悠闲。

部队里的公事对于做事干净利落的艾森豪威尔来说,不用花费太多的时间就能够做得井井有条。闲暇的时间也多了起来,他利用这些时间到野外打猎,或是到广阔无垠的旷野中,信马由缰地与大自然亲近。当他把自己的心都交给这美好的大自然的时候,曾经由于没有去欧洲参战的痛苦就很快释怀了。

圣安东尼奥的悠闲生活令艾森豪威尔感到无限惬意。后来他回忆说:"在圣安东尼奥服役,简直意味着享福。"就在他开始融入了这个城市,并大受追捧的时候,一场美丽的邂逅改变了他的生活,一个女孩闯进他的世界。

1915年金秋十月,晚秋的太阳暖暖地照耀着南德克萨斯州。一个星期天的下午,温暖的阳光照进艾森豪威尔的值班。正直年轻英俊的他身着军装走出值班室,准备去查岗。没想到艾森豪威尔刚刚走出值班室的门,就听到有人在叫自己的小名:"嗨,艾克,到这儿来。有人要认识认识你。"

听到了叫他的声音,艾森豪威尔缓缓地把目光转向声音传来的方向,他的目光落在街对面军官俱乐部前绿草茵茵的草坪上。草坪上摆着几个帆布的躺椅,几名女子坐在上面,懒洋洋地沐浴着秋日的阳光。

在躺椅中一个年轻妇人挥着手喊叫着他的名字。而这个举动似乎更是为了证明自己是个很具有交际能力的人,她要在同伴中炫耀一下自己的这方面才能。这个高呼"艾克"的人不是别人,正是一位军官的太太鲁露·哈里斯夫人,当然她已经熟识了艾森豪威尔。

见到鲁露·哈里斯夫人的亲热招呼,艾森豪威尔并没有同样的感觉。因为他在做着自己的工作,他向来对待工作表现得非常的严肃而认真。

他是个懂得愉悦生活的人,也是个能够把公事同私人生活划分得很开的人。于是,艾森豪威尔非常礼貌地说"对不起,哈里斯夫人,我正在执勤当中,不便离开。"

哈里斯夫人遭到了拒绝显然有些尴尬,她是在同伙伴们面前炫耀自己,却吃了个闭门羹,不过她倒是善于安慰自己,她转过头来,语带嗔意地故意打趣说:"哼,一个可爱的工作狂人。"声音里有点怨气,但是又不失对他的喜欢。说完哈哈地大笑起来,引得她的同伴也咯咯的露出了笑容。

或许她并不甘心这样丢了面子,于是再次开口:"艾克,我们不打算留住你不放,只是介绍几个新朋友给你认识,不要错过啊!这些姑娘可都是美人喔!"

哈里斯夫人无意挑逗,她说的也都是事实,和她一起的这几个确实是地道的漂亮姑娘。或许艾森豪威尔应该不予理睬,但是,他觉得这样做似乎是有些太过不解风情,也不够绅士礼仪。于是他稍一迟疑之后,还是迈步向马路对面走了过去。

艾森豪威尔走到这些帆布躺椅近前,恭敬地行了一个军礼,并开口说道:"各位,下午好!"问了好之后,艾森豪威尔才开始仔细的观察躺椅里面的一张张生动、漂亮的脸。

突然间,艾森豪威尔的眼睛放射出了一道光芒,显然是有什么不可思议的东西进入了他的世界。是什么会有这样的魅力呢?是一位姑娘,一位娇小可爱、清纯美丽的脸上流露出一种新奇而天真表情的姑娘。艾森豪威尔的眼睛定定地投向躺椅中的她,好像除了眼前的人以外完全其他事情已经完全离开了他的脑子当中。

不是因为美貌,也不是因为姑娘的穿着。是透过这些美貌,透过她见到生人的落落大方,看到了姑娘内心的平和。是姑娘的气质和灵魂的洁净打动了这位年轻军官的心。

艾森豪威尔显然有了些许的失礼,初次见面不应该这样的呆呆地盯着人家不放。他自己也意识到了这一点,毕竟他是一个善于交际的人。他刚想马上找话题打开这样尴尬的局面。正巧这个时候哈里斯夫人开口说话了,她或许也意识到了这样的尴尬。见艾森豪威尔似乎对玛咪很是钟情,于是她打破沉默,把玛咪热情地介绍给艾森豪威尔。艾森豪威尔略显有些拘谨,而这种拘谨倒是艾森豪威尔在陌生人面前少有的。

他伸出厚实的大手,镇定自若地说了一句:"很荣幸认识您。"这个时候他的心脏无法克制地乱跳起来,但是,看上去,还是神态自若,这不是伪装,而是一个善于交际的人的正常表现。

这个时候,玛咪从躺椅上站了起来,满面堆笑地伸出了自己的娇嫩的小手。同时幽幽地说:"我也是"。声音曼妙甜美,盈盈入耳。

两个人相互认识了之后,哈里斯夫人又介绍了身边的几个女子。大家又相互认识了一下。不过这个时候艾森豪威尔的注意力都在玛咪的身上，和其他人礼节上的打了招呼过后，艾森豪威尔同玛咪闲聊起来。聊着聊着，不知道出于什么想法，他鬼使神差的忽然问了一句："请恕我冒昧，您今年多大呢？"尽管语气非常恭敬，但是这个唐突的问题还是让两个人都愣了一下。这也把他的心机表现了出来，什么样的情况下才能令一个男人热衷于女孩子年龄呢？这些或许是不言而喻的吧！

玛咪扬起脸，看了一眼这位帅气十足的军人。就是这一眼，就是她抬头的一刹那，她发现那双火热的湛蓝色的眼睛正充满着秋日一样的温情注视着自己。

就是这一眼令玛咪春心荡漾，随即逃开了他那款款的眼睛。玛咪显得有些不自在，扑闪着眼睛看了哈里斯夫人一下，又把目光转向了草坪上。艾森豪威尔本人也越来越觉得自己问的不妥，一是变得有些手足无措起来。

这个时候哈里斯夫人开口说话了"好了"，为了给这两个人解决了一下尴尬的气氛，哈里斯夫人接着说道："您真是个直来直去的人。玛咪今年18岁，她是从丹佛过来探望我们这些朋友的，还有这几位。玛咪，这位是艾森豪威尔，军校橄榄球队的教练，当然，也是优秀的军官。"

就在哈里斯夫人说话的期间，玛咪并没有认真地听她说什么，反而把目光落在艾森豪威尔的身上。她打量着这个哈里斯夫人口中顶顶有名的橄榄球教练，这个美国西点军校毕业的高才生。在她的眼中，这个紧锁眉头的年轻军官有着别具一格的魅力。

沉默了一会儿，艾森豪威尔鼓起勇气，对她说："我正要去查哨，您如果不嫌弃的话，正好我可以带您参观一下这里。"玛咪低下了头，看上去好像在思考什么，过了一会儿，看了一眼哈里斯夫人。后者朝她递来一个鼓励的眼神,玛咪红着脸,再次绽放出花一样的笑容来,声音清脆而利落地回答:"那,好吧!"两个人一同查岗,边走边聊,似乎是相识多年的好朋友一样。很快就熟络起来,玛咪为他留下了自己家中的电话。

玛咪年轻爱玩,她的生活内容丰富多彩,这也是她能够保持一种愉悦而轻松的状态的重要因素。她是个钓鱼迷,第二天,玛咪一大早就出门了,她是去钓鱼了,去做她做喜欢的事。

秋高气爽,天高云淡,临溪垂钓,柔波里等待着鱼儿打破水面的宁静,那是多么美妙的事情啊!天色将晚的时候,紫霞掩映了一切,玛咪伴着暮霭,收获着鱼儿和舒畅回到了家中。

玛咪眉飞色舞地同家里的佣人谈及这一天里钓鱼的乐事。佣人也被玛咪的高兴感染了,这时佣人似乎想起了什么。收起脸上的笑容告诉玛咪,有一个叫艾什么的先生今天打了一下午的电话找你,也不知道有什么要紧的事情。

听到佣人这样说,玛咪先是很诧异,随后就猜到了佣人说的叫艾什么的先生可能就是艾森豪威尔。不过她没有想到昨天留了电话今天他真的会打来。继而玛咪的心里忽然灼热起来,她回忆了昨天的情形,心里就有些得意起来。她看出了这位直率的年轻军官对她的喜欢。

正当玛咪沉浸在遐想之中时,电话铃再次欢快的叫了起来。佣人礼貌地拿起电话"你好!对,是的。请问您是哪位?哦!好,您稍等。"这时佣人用手按住话筒,转过头来对玛咪说,找您的,就是刚才说到的那位先生。

玛咪听到电话铃声,心通通地跳了起来,她轻快地来到电话机旁,里边传来艾森豪威尔热情的声音:"今晚可以和我去跳舞吗?"正是艾森豪威尔的这份直率冲击了玛咪的心,太过于直接反而令玛咪一下子没有反应过来。玛咪这边半晌没有出声,她在考虑。

"杜德小姐,您在听吗?"见没有回应,艾森豪威尔小心翼翼地问道。

一时没有准备的玛咪一时有些难以适应,便向艾森豪威尔表示了歉意,委婉地拒绝了艾森豪威尔。其实,玛咪并不是真正地要拒绝他,她这是一种考验,也是一种朋友间善意的玩笑。她已经从艾森豪威尔一天下午几十个电话的行为中,感知到了他的心里是怎么想的。

她一来不想让艾森豪威尔感到自己是个行为放荡随意的人,再者她也想知道艾森豪威尔对她的,或是他们的这种感情的耐性有多大。

艾森豪威尔对玛咪一见倾心。他是个执著的人。他不会轻易地放弃身边的每一件能够通过努力得到的东西,更何况这次是他钟爱着的美丽的姑娘。

艾森豪威尔继续约这位姑娘,他约她明天去跳舞。玛咪以已有约会为托词再次拒绝了。艾森豪威尔不死心,再约后天。玛咪干脆拿出了一个很长的期限,她告诉艾森豪威尔这个月的晚上都有约会了,一边说着一边偷偷地笑起来。这个时候她说话的语气非常轻松,就像是一个打了胜仗的将军一样充满了喜悦的气息。

艾森豪威尔似乎丝毫没有不耐烦的样子,反而更加的平和了,或许他被玛咪喜悦的气息感染了。或许,他能在电话里听到玛咪的声音,这对于他而言就是值得高兴的事情。艾森豪威尔就顺着玛咪的话说下去,那就下个月好了。

这个时候玛咪再也抑制不住心中的喜悦了,她的考验也算是结束了,艾森豪威尔的执著打动了她。她换了一种非常娇羞的语气,告诉艾森豪威尔,自己每天五点左右回家,在这个时间里,哪一天下午都可以。

显然艾森豪威尔受到了戏要,但是他的心里却是甜甜的。他并不生气,反而因为她的小玩笑洋洋自得。明天下午,他们定了明天下午一起出去跳

二 战总统的家事

舞。其实不管做什么，也就是两个人开始了他们的恋爱生活。

两人迅速坠入爱河。艾森豪威尔是个交际能手，他开朗、幽默而且又不乏绅士风度，很快这个讨人喜欢的年轻军官便成了玛咪家的常客。玛咪家人非常享受艾森豪威尔给这个家制造的愉悦气氛。

这使玛咪很高兴，她觉得现在这个时候比以往任何的快乐都要快乐十倍，她是世界上最最幸福的人。

艾森豪威尔的到来，给这位年迈的老父亲带来了很多的快乐。很快，他已经不把这位年轻的军官看作是外人了。在老人家的心里，艾森豪威尔就像自己的亲生儿子一样。

要知道，这个年轻的军官还有一个非常特殊的身份，那就是军校橄榄球队教练，而且这个教练已经在这个地方颇有名气了。也正是这个特殊的身份，艾森豪威尔又给这个家庭增添了一个新的趣味。玛咪的家人在艾森豪威尔的影响下，慢慢地也爱上了体育运动，也开始喜欢看橄榄球比赛了。他们全家人的心纠结在橄榄球场上，给艾森豪威尔带的队伍打气，欢呼。

真是奇怪世界上还有这样有意思的节日——情人节。艾森豪威尔和玛咪一晃已经相恋一年多了。1916年2月14日到来了。这个情人节，对于这对热恋了许久的情侣来说，非常特别。这一天，艾森豪威尔手捧着鲜艳的玫瑰花，单膝跪在了玛咪的面前。"我心中的女神，请您殷泽于我吧！我的爱情为你怒放，请答应我，嫁给我吧！让我用我的全部生命，去关心爱护你，请允许我陪伴你终生！"玛咪羞怯地把花捧在胸前，她接受了艾森豪威尔的求婚。从地上站起来的艾森豪威尔一下子拥着他的女神入怀。玛咪在艾森豪威尔宽大的怀抱里感到旷世的温暖，世界上再也没有这样令她神往的地方了。她顿时热泪盈眶，这泪是幸福的泪。中国有一句成语叫喜极而泣，说的就是这样的情景吧！

艾森豪威尔很轻松过了玛咪这一关，不过他要想把这位如花似玉的姑娘娶到家，还得同玛咪的父亲深入地谈一下才行。根据以往的观察，艾森豪威尔知道玛咪的父亲非常喜欢自己，也知道这件事情他那边一定很容就通过的，可是他还是有些紧张，还是有点害怕。心中不免有些忐忑，艾森豪威尔来到了玛咪的家里。两个男人见了面，他吞吞吐吐但是毫不逃避地表明了自己的意愿，然后等待着老人的回应。

　　事情的发展，最终没有让他失望。

　　1916 年 7 月 1 日，一个阳光明媚的夏日，前几天刚刚下过一场雨，一切都水洗过的一样，清新自然，山花烂漫，绿柳成阴，漫步在绿油油的大自然中，领略着和煦的轻风，德怀特·艾森豪威尔与他挚爱的玛丽·杜德姑娘举行了非常隆重的婚礼。

短暂的新婚生活

美国是个开放而自由的国度,在他们那里很少有那些陈旧的习俗。当然有些地方的欧洲移民还是带来了一些特有的民风。美式婚礼非常简单,对他们来说,更加心驰神往的是婚后的蜜月。婚礼过后,艾森豪威尔夫妇开始了他们的美妙的蜜月。他们先搭乘火车回到艾森豪威尔的家中,探望他的父母双亲。母亲看着他们一脸的笑容,觉得多年来培育儿子的心血没有白费,看到两个孩子幸福的模样,她的内心无限欢喜。

虽然两个人到阿比伦的旅行根本算不上是度蜜月,但是在这几天的旅行过程中玛咪和艾森豪威尔都很高兴。新婚燕尔的小夫妻觉得生活中的每件事情都是美好的。他们搬进了艾森豪威尔在步兵街单身军官宿舍的两居室里。婚后的玛咪走进了另外一个世界。在这个世界里,到处都是新鲜的。没有仆人,没有舒适的宽敞的房子,取而代之的是土黄色的、狭窄的军人宿舍。

结婚的时候,两个人相互了解得并不够。仅仅是敬仰和激情促成了两人的姻缘。光靠激情是不能填饱肚子的,敬仰也不能使你的口袋里多出一分钱。所以说有的时候在婚姻过后你或许会发现,你的另一半原来是如此的陌生。玛咪和艾森豪威尔就是这样。

做饭这样简单的家务劳动玛咪也是一窍不通。不过还好的是正像她对父亲保证过的那样,一切的一切她都有心理准备了。玛咪出自于一个富有的家庭,家里的佣人会为她打点一切,很多事情她根本就没有亲自动手的机会。

结婚之后的玛咪在生活上确实遇到了很多的麻烦。艾森豪威尔的单身军官宿舍自然无法和玛咪家带有大花园的庄园相比。然而一个人的高贵并不是靠美丽的住所，高贵的衣服体现的。青莲出污秽，茅庐生名相的故事也正是此理。玛咪是个精神高贵的人，或许这一点早就被艾森豪威尔那湛蓝色的慧眼识穿了。否则他有怎么会娶她为妻呢。玛咪是一个有着良好清洁习惯的贤惠妻子。玛咪经常对艾森豪威尔这样说，我们没有宽敞明亮的豪宅，但是我们可以让自己的家变得更加的干净温馨。每当玛咪这样说的时候，艾森豪威尔都会感动地把她拥入怀中，用那温热的嘴唇在玛咪的额头上深情的献上一吻。

爱情是伟大的。而沉浸在爱情当中的人们总是勤劳和向上的。

如果说婚姻给艾森豪威尔带来了明显的变化，使他日渐成熟的话，那么证据就是，他是典型的 A 型性格。研究艾森豪威尔的学者罗伯特·费雷尔说："这种性格的人不关心健康，工作起来毫无节制，每天都以最高速度全力投入工作。"托马斯·马丁利准将是艾森豪威尔总统的医生，他曾彻底调查过艾森豪威尔的病史，并得出结论："年轻时艾森豪威尔没有表现出任何强迫型野心和紧张，而后来这些变得很明显。这种情况也可能一直存在，但没有被记录下来。"正像费雷尔注意到的那样："艾森豪威尔家族有高血压、心血管疾病以及冠状动脉疾病的病史。"

经济紧张，艾森豪威尔的健康也不容乐观，他们的婚姻并不轻松。在那一年当中，艾森豪威尔大小病不断。家人都为他有些担心，他自己也感到十分不走运。1916 年 11 月，他患了疟疾，被迫在家中待了几天。几个月以后，也就是 1917 年 3 月，扁桃体炎又使他在家中躺了几天。5 月时，疟疾又犯了，艾森豪威尔被送回家里，躺了几天才退烧。人们难以想像一个病秧子怎么能管理庞大军事事务。可是后来艾森豪威尔在生活中几乎没有再得过

二战总统的家事

病。当然，这些都是后话。

在工作中，艾森豪威尔的职责之一是担任宪兵纠察队队长，也就是军队里的警察头。这个职位使艾森豪威尔和宪兵们得不停地巡逻。在圣安东尼奥市，喝醉酒的国民警卫队员和陆军士兵经常发生争执。为了防止出事，艾森豪威尔和几个宪兵会搜查当地的酒吧和妓院，逮捕那些违反纪律和擅离职守的士兵。有一天晚上，一个喝醉酒的国民警卫队少尉在附近的一条小巷里向艾森豪威尔开了两枪，险些击中了他。这件事让他意识到，玛咪在这里是不够安全的。他送给玛咪一把4.5毫米口径的手枪做礼物，教她在危急时刻怎样正确使用。然而搞笑的是，当他有一次心血来潮假装破门而入考验玛咪如何反应时，发现这位心思细密的太太居然把随身自卫用的枪当做自家的珠宝一样珍贵的东西藏到了极其隐秘的地方，哭笑不得的艾森豪威尔只得放弃了这个打算，转而跑去给房子装上了更坚固的门窗。

生活的故事总是多姿多彩的。尽管经济上不太宽裕，但是在婚姻生活中，玛咪一直尽可能地在丈夫面前保持魅力。她隐约听一个大夫说，睡眠会对脸部皮肤产生奇妙的作用，所以她经常每个星期都会找机会在床上躺一整天。艾森豪威尔似乎注意到，并很欣赏玛咪的外表和她讲究的衣着。从他遇见玛咪起，每当在公共场合遇到穿着不合适或轻浮的女人，艾森豪威尔就会感到不舒服。他做人的准则和信念为他赢得了无数的赞誉。

艾森豪威尔的军校同学对他的婚姻非常惊讶。按照西点军校的传统，结婚的军官应该通知学校的珠宝商，他会送给结婚者一份全体同学出钱买的礼物，但是艾森豪威尔却没有这样做。约翰·沃根中尉途经圣安东尼奥市，顺道看望艾森豪威尔。"开门的是一位系着围裙、拿着扫帚的漂亮女孩。天啊！我们一直以为艾克是真正的单身汉，因为他曾打赌说，自己将是班里最后一个结婚的人。那么这个女孩是谁呢？"

二战浪漫曲

"我站在门口，十分尴尬，结结巴巴地问她是否知道艾森豪威尔中尉在什么地方。她回答说他正在训练部队，请我不妨进来等他。我的迷惑明显使她感到好笑。最后，她拯救了我，'我是艾森豪威尔太太，'她笑着说，'艾克和我在7月1日结婚了。'"

可是，幸福的生活还没有持续多久，艾森豪威尔就接到了新的任命，不得不离开自己的温馨的小家。

1910年，墨西哥发生内乱，原有的独裁政府被推翻，然而新建立的政府并不稳定。后来，美国政府支持并承认了叛乱的卡兰查新政府，引起了反对者维拉的强烈不满，他决定报复美国，并在1915年年末，带领他手下的枪手在美国和墨西哥的边境上制造了一系列的枪击事件。而卡兰查的军队也趁火打劫，于是美国决定出兵墨西哥，惩罚一下这个充满暴力和动乱的国家。边境的两个州现在已经调集了部队，只待集结完毕就要开始进攻。

对于此次出兵，艾森豪威尔有着他自己独特的思考和见解。他立刻申请参加惩罚性远征，因为他已经错过了欧战，不想再次错过实战的机会，然而，然他失望的是，他的申请被陆军部以非常简单的理由拒绝了。此后的几天了他一直闷闷不乐，8月的一天中午，艾森豪威尔阴沉着脸回到了家中，他已经接到命令，到国民警卫队临时任职，这一纸任命书，使艾森豪威尔的参战计划彻底的流产了。玛咪也感到很难过。艾森豪威尔漫长的工作时间，已经使玛咪初次品尝到军队生活的滋味，她感到伤心了。现在结婚才不过一个月，艾森豪威尔就要离家。任务期限并无告知，作为一个一直以来都被家人和丈夫疼爱的小女人，一想到新婚丈夫将长期不在身边，玛咪难过不已，数次当着丈夫的面抱怨甚至哭闹，但是艾森豪威尔不为所动，玛咪这时候才发现，国家这个大号的"婆婆"的能量在丈夫面前有多么巨大。

应该这样的评价玛咪，她是个非常坚强的女人。要知道成为这样有着特殊公职的人员的家属,要经历多少的生离。尽管她从来没有在离开艾森豪威尔时,战胜过孤独,但是,她真真切切地在那一个个孤独的黑夜里走了过来。一个优秀的人,到什么时候都会明白,什么样的事情是优先做的,什么样的事情是必须做出让步和牺牲的。艾森豪威尔一直深沉地热爱着他的妻子,但他也是一个发誓愿为国家献出生命的人。爱国不是一个口号,是要做出牺牲的。牺牲个人的生活空间,把全部的生命投入到为国家的事业而奋斗中去。玛咪同样也是爱国的,她用她崇高的情怀,放下私人的贪念,把自己的另一半奉献给祖国。这是一种无上的品格,是对艾森豪威尔的最大尊敬,也是对祖国的最高敬仰。

军需官的艰苦生活

1917 年初，英法等国在得到美国资助的情况下，军队力量日趋强大。德国已经不堪战争之重负，开始实行无限制的潜水艇战。这种战法有些破釜沉舟的意味，德国人已经管不了太多了。只要是出现在潜艇视野里的船只，不是德国的就一律予以击沉。不管是哪个国家的，包括中立国美国的，也不管在什么位置，是公海还是德国的领海。这种几近疯狂的做法，致使美国民众有上百人在乘坐客轮的时候葬身大海，美国民众愤怒了，威尔逊也放弃了美国中立国的架子，拉开了膀子要同这个已经变成了"疯狗"的国家干上一架。同年 4 月美国向德国宣战。战争把爱国主义的情怀无限的放大了，在民族利益受到损失的时候，美国民众一致对外的情绪颇为高涨。当美国对德宣战之后，整个美国就都沸腾了。那些养在军营里的兵将们，都觉得用他们的时候到了。纷纷地踊跃报名参加这次世界性的战争。

军人！在战斗中取得胜利是他们生命中最大的荣耀。流汗、流血哪怕是牺牲，为国奉献，为国取胜，做了就会是一个最完美的结局。

机遇来了，失望也来了。很多的陆军将士成了远征军，远涉重洋，到欧洲作战去了。这是军人的荣耀，艾森豪威尔需要这样的机遇，不过未必机遇就会降临在他的头上。一个人的生命当中，事与愿违太多太多了。参战再次与艾森豪威尔无缘。然而，事实证明，许多人都是在漫长的等待之后才赢来了机遇的眷顾。

或许这是对艾森豪威尔的考验，做大事要有耐心。也许更加重要的事

二战总统的家事

137

情在等着他。失望归失望，艾森豪威尔知道存在于陆军中的忠诚原则："一位军官应该始终在一支部队中任职，在那儿他才能获得认同。"考验不断地降临，能够经受的其生活考验的人才能够成大事。不久，他被调往新成立的第 57 步兵团。该部队当时既没有人员、装备，也没有永久性驻地。雪上加霜的是，上级决定把第 57 步兵团的驻地和训练区域建在里昂斯普灵斯。新的军事基地面积很小，位于圣安东尼奥市以北不远的地方。没有任何设施，荒郊野外，环境阴森可怖。兵要自己招，营房要自己建，实际上就是白手起家。

　　军人的家庭就是这样的，聚少离多。新婚的玛咪和艾森豪威尔要第二次离别了，还好每个星期六还都能见上一面。对于玛咪来说，作为军人妻子要承受一般人遇不到的寂寞再次上演。她的丈夫更多是属于军队，属于伟大的国家，而只有少少的一部分给了她。男人们都为了国家，在战场上热血拼杀去了。他们的妻子，经常地聚集在"艾森豪威尔俱乐部"——艾森豪威尔的家里，为了排解孤独和寂寞，为了使提心吊胆的情绪得到缓和，她们就说说丈夫们的战争，说说他们会在美国远征军中获得什么职位，她们的话题总是离不开自己身在战场的丈夫，想到丈夫在与敌人拼杀，想到那战场枪林弹雨，随时都有可能被死神带走。她们的心便又悬了起来，哪里还能缓解焦虑。越说越可怕，越说越像真的，也就愈发地焦虑起来。

　　生活是一条大河，汇百川而成。每一件小事，便是一条细流。只开过电动汽车的玛咪实际上对燃油的标准变速挡汽车的驾驶一窍不通。她甚至都不知道油门和刹车，不过就是这样，玛咪还是开着那辆普尔曼汽车去里昂斯普灵斯。为什么呢？或许是思念，或许这就是爱情。说来也怪，吉人天相吧，玛咪就这样七扭八拐地把汽车开到了目的地。这是第一次，也是非常吓人的一次。当玛咪开着车看到艾森豪威尔的时候，便大声地呼喊，艾克你快跳上车来。当艾森豪威尔跳上车之后,才知道这位大胆的妻子,根本不知道刹车在什么位置。车子在艾森豪威尔的操控下停了下来,不过他的头上也冒出了冷汗。当艾森豪威尔回想往事的时候,这件事总是萦绕在他的脑海里,一个迷惑不解的问题缠绕着他——玛咪到底是怎么把汽车开到里昂斯普灵斯的呢? 后来为了安全起见,艾森豪威尔给玛咪配了一个有经验的司机,为玛咪开车。为了不让这个疯狂的妻子再次做出这种事情,每当艾森豪威尔放假的时候,他都不远百里风尘仆仆地赶回家中,陪伴妻子共度难得的美好时光。

军需官是个很特别的职务,在这个职务中看管好军需备品是极为重要的,在战争时期这些备品重要异常,直接关乎在前线浴血奋战的战友们能否正常吃睡的问题,也包括一些战斗中必要的工具。而作为军需官的艾森豪威尔经常要解决的问题就是备品莫名消失。当这些备品无端的消失后,艾森豪威尔只能够自己掏腰包去买单。几个月过去了,艾森豪威尔接到了一个账单,是陆军部寄给他的,展开细看,原来是由于备品丢失要他赔偿的清单。尽管他发誓在装运过程中绝对没拿出任何东西,但没能保证物品完整无缺,他还是要负责。虽然十分气愤,他还是交了罚款,家庭的财政预算也受到了沉重打击。工作中的不如意往往会导致坏心情,这一时期艾森豪威尔十分不走运。

脚踏实地的努力是走向成功的基础。搞好人际关系是仕途升迁的前提条件,古今中外,历来不变。当然,还有一个就是正式的依据,那就是一份硕果累累的考绩报告。考绩报告是必要条件,而人际关系,尤其有一位慧眼识马的伯乐的支持也尤为重要。艾森豪威尔是一匹真正的"千里马",这一点毋庸置疑,我们从他以往的考绩情况中不难得到这样的结论。在历来的考绩官员的评价中,艾森豪威尔的成绩一直都是良好,这样的成绩非常难得了。然而，由于艾森豪威尔的官阶太低了，他根本就不可能识得更高阶的"导师"，更谈不上得到他们的推荐保举了。

欧洲战场已经进入白热化的状况了，需要的是将帅的指挥，而不是一般军官冒着枪林弹雨的拼杀。由于这方面的影响，艾森豪威尔参加大的战争的机会也越来越少，不能够迅速的晋升。他只能够留在国内做一些不关战事的工作。这个时候艾森豪威尔的内心已经跌入了井底，然而"下石"也就不远了。很快不幸的消息再次传来。艾森豪威尔被派往位于佐治亚州中部荒凉的军事基地奥格勒索普堡。要求艾森豪威尔到那里培训未来的军官。又是一个没有前途的苦差事，艾森豪威尔的朋友贝克尔将军提出强烈抗议要求把他留下，但没能够改变陆军部的态度。

就在这个时候，艾森豪威尔的家里也有一件非常重大的事情即将发生。玛咪已经怀胎十月了，随时都有临盆的可能，因此她不能追随艾森豪威尔到新的工作地点去。无奈之下，原本分开的两个人这下子不得不拉开更大的距离了，这个距离可能不会让艾森豪威尔有机会周末回家照看妻子了，玛咪依然留在了萨姆堡。

到了新的工作地点之后，艾森豪威尔很快就展开了工作。对于这份工作，艾森豪威尔厌烦透顶了，每天都在下着细雨的天气里训练。训练的内容就是模仿欧洲前线作战，仅仅是模仿而已，艾森豪威尔多么希望能够真枪实弹地再战场上厮杀，他多么希望能够把自己的指挥作战的才能真正地发挥到实际的战争当中去。但是，眼下泥泞的"阵地"阻住了他的道路。在这期间他并没有放弃向上级提出到前线去的要求，不过都事与愿违了。

玛咪挺着圆鼓鼓的肚子，整日地呆在家中。她唯一能做的只有两件事，一件事就是等待肚子里的孩子出世。其他的事情都因为身体而无从做起。家里以供消遣的东西一件都没有，没有人能够在漫长的等待中无所事事地熬过那日头。总是要给自己找点事做才行,而另一件事则是日以继夜地打起毛衣来,她在给自己的宝宝准备御寒的衣服。

艾森豪威尔和玛咪在孩子临近分娩之前的日子里一直有一个担忧。艾森豪威尔是一名军人,而且是一名忠于职守的军人。玛咪临盆时未必能正好是艾森豪威尔休假,也就是说,玛咪身边缺少一个能够陪伴的人。以便在分娩的时候成为一个能够照顾她们母子的帮手。

好人总是能够在最危急的时候得到他人的帮助。正在他们无计可施的时候,娜娜出现了。娜娜是玛咪的好友,刚好因为做了一次手术而来到丹佛休养。得知玛咪快要分娩的消息她赶到了萨姆堡玛咪的家中,陪伴照顾着这位准妈妈。

当玛咪突然觉得肚子连续疼痛的时候,娜娜和玛咪知道,这是快要生了。两个人忙碌了起来,娜娜忙着帮玛咪叫车,赶往医院。说是医院,在那个时候,那里有标准的医院呢?她们实际上是赶往一个医生的家里。当时能找到的交通工具只有一辆邮车,无所谓了,什么车都行,只要尽快把玛咪送到医生身边就好。她们来到了医生家里的医务室。

但这里条件非常糟糕,房间简陋不堪,没有任何的消毒设施,甚至有些夸张的说这个产房倒更像一个储物间。玛咪躺在床上,而娜娜听从医生的吩咐准备必要的物品去了,医生在准备医疗器械。小家伙可是等不及了,在其他人还没有来得及走进产房的时候就来到了人间。

实际上,医生和护士到来的时候,只是做了些清理的工作,以及产后的医疗。当玛咪看到自己的儿子的时候,她脱口而出"小艾克"。因为这个孩子太像他的爸爸了,这个乳名就这样叫来了。后来这个昵称被简化为艾基。

在奥格勒索普堡枯燥的工作中的艾森豪威尔非常的繁忙。又累又乏,他对这样的工作还在厌烦之中,正在这个时候他收到了岳母的电报。电文十分的简短，老人家就打了几个字上去，恭喜你艾克，你有儿子了。艾森豪威尔看到电文后跳了起来，他无法抑制心中的喜悦。跳了几下，他还不能完全相信似的大声的读出了电报上的文字。

他平复了一下心情，继而找出纸笔开始给自己最最亲爱的妻子写信，以抒发他内心的喜悦之情。他手拿着笔颤巍巍地在纸上写道："最亲爱的甜心，我是多么想回家看看你和宝宝。谢谢你我的女神……"

很快艾森豪威尔再次接到了玛咪的来信。在来信中，玛咪骄傲地告诉艾森豪威尔，他们的儿子长得很健壮，在容貌上讲简直和艾森豪威尔一模一样。她还把自己为儿子起来的名字告诉了艾森豪威尔。艾森豪威尔拿着信一边一边地口述着儿子的昵称"艾基！艾基！"就好像他的呼唤儿子能够听见一样。

放下手中的信件，艾森豪威尔给玛咪写回信。他向玛咪陈述了在这边训练的烦恼，但是不管怎么样，他现在觉得自己是无比幸福的人，有玛咪，有儿子，这是最大的安慰。在信中，几乎都是感谢妻子的话，关心他们母子的话。他兴高采烈地在信中写道：等到我回家，很快就可以教这个小家伙打拳击了。

到1918年时，那个愤世嫉俗的西点军校学员已经成熟了，成为一名爱国主义者，一名有雄心的、忠诚的职业军官。

这个时候，玛咪做出了一个决定，她决定要搬到部队里面，同艾森豪威尔住在一起。她再也不愿意忍受看不到丈夫的思念了。她决定了，一定要去，到葛底斯堡去。

这件事情，玛咪并没有刻意隐瞒，也没有必要刻意隐瞒，一个女人想同自己的丈夫住在一起有什么不对？玛咪这样想着，于是就把的计划将给她的朋友们，很快玛咪要搬到葛底斯堡去的事情在他们的军人社区便传开了。

玛咪出自大家名门,她以往的做饭洗衣的事情都是佣人帮忙处理。现在要搬家了,这样的事情他可是一次都没办过,就是见都没有见到过。正因为这样她显得有些手足无措。

军人的家庭搬家是常有的事,一个上了年纪的军官妻子这样和玛咪说。这位老妇人,不是艾森豪威尔家的常客,但是同在一个军人社区里,两家彼此相隔不远。她给玛咪出主意说,一般的军队家庭搬家都不会把所有的东西搬来搬去的。搬家是家常便饭,因此大多数人都不会把家具和一些大的物件一起带走。他们的做法是在基地变卖,到了新家重新制备就好了。

这位老妇人还很自然地说,如果可能的话,她愿意用个很合理的价格收购玛咪家的一切东西。玛咪觉得老妇人说得很有道理,这些家具是不可能带走的,倒不如像她说的卖给她算了。玛咪让老妇人帮自己估算一下全部家当的价格。老妇人给出 90 美元的低价,玛咪自己也不知道这个价格是否合理,就深信老妇人不会骗她一口答应了。

当她知道中了老妇人的诡计,已经是后来她搬到艾森豪威尔身边很久的事情了。要知道,她的那些家当合理的价值应该是 900 美元。这件事直到他们已经到了老年,玛咪才一五一十地讲给艾森豪威尔听。

玛咪当时没有说和艾森豪威尔为了两件大衣同她发了很大的脾气有关。在部队里,军官是不允许穿普通民众的衣服的。因此在搬家的时候,玛咪把艾森豪威尔曾经花 300 美元定做的两件双排扣套装以 10 美元的低价处理给一个旧衣商。她以为艾森豪威尔早就把这两件衣服忘掉了,但是她判断错了。

当玛咪赶到葛底斯堡之后,有一天艾森豪威尔到旅行箱中找这两件衣服的时候,玛咪把一切都告诉了艾森豪威尔。结果艾森豪威尔大发脾气。还说了很多特别尖锐的话责怪玛咪,玛咪你什么时候能够长大啊！什么时候能够知道物品的价值。这深深地刺痛了玛咪。玛咪也就隐瞒了更多的事实。

玛咪变卖了家当之后,很快就带着剩余的必需品和自己7个月大的儿子艾基踏上了通往葛底斯堡的列车。玛咪母子要煎熬4天才能够达到葛底斯堡。旅途总是令人十分的疲惫的,而她们踏上旅途的时节也给她们的旅途带来了很多的麻烦。

1918年4月,葛底斯堡还没有退去冬的笼罩。大风雪不断地侵袭着这片大地。寒冷侵袭着每一个人的身体。更加不巧的是艾基却患上了水痘高烧不止。这一切都令玛咪叫苦不迭。好在4天的行程很快结束,她终于踏上了爱人生活的那片土地。

当她急切地盼望她的爱人,她的艾克出现在车站的时候,她走出站台看到的却是艾森豪威尔手下的士兵。这令玛咪感觉很不舒服,冰冷的脸上,多了一层寒气。艾森豪威尔手下的士兵看到玛咪的不悦,急忙近前解释说,上尉正在工作岗位上,他在为部队解决炉子问题,他没有能够亲自来接您,内心十分的自责。玛咪并没有难为这些人。随同他们赶往艾森豪威尔所在的军营。

到了军营,玛咪才知道,这里根本没有公寓可住。也深深体会到了艾森豪威尔在这里吃了多少的苦。艾森豪威尔的住宅是一个阴暗潮湿、散发着霉味儿的两层木质小屋。寒冷的空气不时地惊扰屋子里的人。唯一取暖的设备是炉子,而这个东西,对于玛咪而言是非常难以驾驭的。经常是搞得满屋子都是抢眼的黑烟。

艾森豪威尔在教玛咪如何使用炉子上可是没少下工夫。但不管怎么样,一家三口终于住在了一起。感情深厚的他们用自己的努力抵御着严寒,

二战浪漫曲

抵御着一切地困难。

1918 年夏天是一个风和日丽的季节，这一时期大家的心情都不错。他们搬进了葛底斯堡大学宿舍一间较大的屋子，不过没有厨房。玛咪对此的看法倒很是豁达风趣："艾克在司令部里有一个厨师。不足为奇，他会带着我到部队上吃饭。"

事业有成的人往往把时间都花在工作中。艾森豪威尔留给家里的时间少之又少，他总是忙碌地工作在自己的岗位上。而在这极短的空闲时间里，艾森豪威尔总是要陪陪妻子，然后同小儿子一起玩耍，逗孩子开心。除此之外，艾森豪威尔的大部分空闲时间都被花在了部队的工作上。

米德营的悠闲生活

当时间老人在战争中迈着沉重的步伐走到 1918 年的时候，欧洲的战局已经发生了根本性的转变，同盟国的败局已定，德国上下反战情绪高涨，内外交困的威廉政府随时都可能退出战争。欧洲即将停战的信息很快漂洋过海传到了达葛底斯堡。而这个时候，玛咪的家庭中出现了一件非常不幸的事情，年仅 17 岁的妹妹布斯特去世了。这个噩耗使艾森豪威尔夫妇都伤痛不已。即刻艾森豪威尔就发出了一份哀悼信给岳母艾尔维拉·杜德，希望她能够节哀。信中艾森豪威尔表达了对这件不幸的事情无限的悲痛，同时他说明了因为工作的紧张和忙乱不能够亲自回到岳母身边，对此他表示万分的歉意。

不幸的事情不会一直伴随着自己的，那一段时间艾森豪威尔一直不停地这样告诉自己，于是好消息就真的来了。威尔伯恩上校向艾森豪威尔保证，同意派他去法国指挥坦克团，这给艾森豪威尔的震动远比其他任何事情都要强烈，他渴望参加战争已经不是一天两天的了，但这同样造成了玛咪的焦虑。玛咪要带着艾基回到丹佛去参加布斯特的葬礼，同时安慰年迈的母亲。当离开葛底斯堡的时候，她以为以后再也看不到自己的丈夫了，他即将远征，即将到法国去作战。

艾森豪威尔远赴法国去指挥坦克团，对于玛咪来说是非常残忍的事情。因为他一走，给玛咪留下的只能是牵挂和焦虑。而这个多事之秋，让玛咪怎么度过呢？刚刚失去了妹妹布斯特，她的内心已经是伤痛不已了。其实尽管上校威尔伯恩答应了艾森豪威尔派他去法国指挥坦克团,但他还是根据艾森豪威尔的家庭情况劝说过艾森豪威尔要慎重考虑这件事情。上校甚至通过官升正式上校来诱使艾森豪威尔放弃去法国的念头,但是艾森豪威尔为了实现自己在战场上的梦想而坚持不予考虑,谢绝了威尔伯恩上校的好意,并强调就算是降级为少校我也要到战场上去。

成为中校的艾森豪威尔并没有得到他梦想中的职位。第一次世界大战到了最后的时候了,西线宣布停战的时间来的过于突然,在艾森豪威尔还没有参加的时候,就悄悄的收起战争的尾巴了。战争一结束,整个美国都沸腾了起来。当然这种欢乐的气氛笼罩下,玛咪和艾基是欢呼雀跃的,他们没有想到到了丹佛之后,能够听到这样大快人心的消息,玛咪这在为艾森豪威尔担心焦虑,现在一切都好了。这个时候的艾森豪威尔并没有因为听到这样的消息而欢欣鼓舞,相反的,他的内心却显得极其沮丧。有一次实现梦想的机会像肥皂泡一样破灭了。

他是一名军人,要在战场上才能体现出自己真正的价值。这样的观念一直左右着现实中的艾森豪威尔。此刻他百感交集,从出生以来到一直现在,艾森豪威尔都没受到过如此严重的打击。

对于失去这个机会,他感到非常的伤悲,这件事情更加严重的后果可能会导致他的军旅生涯从此黯淡无光。在一战期间,美国的参战是短暂的,在这样短暂的战争里,像艾森豪威尔一样雄心勃勃而被战争拒之千里之外的还有艾森豪威尔的同学奥马尔·布莱德雷。布莱德雷和艾森豪威尔一样都热衷于到海外去参战,他像艾森豪威尔那样把能够想到办法都试过了,最后还是被派去指挥一支安全部队,看守铜矿,避免安纳康达的无政府主义者到矿上寻衅滋事。这两个后来美国的历史上顶顶有名的将军的遭遇是相同的,他们都没能够在第一次世界大战中到战场上证明自己军事才能。

艾森豪威尔没有能够走进欧洲大陆参加战斗，随着战争的结束，他的克尔特营也将不复存在。在第一次世界大战西线战事结束一个多月后，曾经热闹非凡的综合训练中心，安静下来了，曾经东奔西跑斗志昂扬的士兵们，变得终日郁郁寡欢起来。这个时候的艾森豪威尔更怕见到的是士兵们那沮丧的眼神。他在考虑用什么来解释这一切呢？怎么能够安慰这些同自己有着一样心情的士兵们呢？艾森豪威尔的痛苦胜过这些人十倍百倍。最后，他想出了一个办法，就是用优厚的退伍政策来打消这些士兵的沮丧情绪。这样的办法还真的非常的管用，很多士兵不再那样的悲观了。艾森豪威尔用自己的努力才争取来这样的条件，他觉得能够看到大部分士兵抹去愁容自己的付出也值得了。

剩余的士兵像艾森豪威尔一样不愿意就这样结束了自己的军旅生涯，他们转移到了新泽西的狄克斯营。坦克部队迅速地扩充，后来也急剧地缩水。最后留下的六千来人的转移，成了艾森豪威尔作为指挥官所做的最后一次在克尔特营的军事行动。

战后的艾森豪威尔处境更加的不好，没能够到法国指挥坦克团令他内心回荡着强烈的挫折感。甚至他开始担心自己的职业前途了。不过，事实证明他在克尔特营所做的一切努力是非常优异的。这是他在和平的国内做得最为出色的一次。他以执著的工作态度，严格的军事作风，高效地完成了克尔特营非常艰巨的任务。在同英国的联络官的合作中，得到他们高度的认可和积极的评价。威尔伯恩上校十分的器重这个年轻有为的军官，他给艾森豪威尔一个超出一般的评价。他说艾森豪威尔作为一名低级军官，却完成了相当一位准将该完成的任务。这样的评语记录在艾森豪威尔的考绩报告上。为了不埋没人才，威尔伯恩上校还向陆军总部建议授予这位年轻的军官和平时期陆军最高的荣誉——优异服务勋章。但是，这个勋章"迟到"

了，一直到 1924 年陆军才给予艾森豪威尔这个勋章，而这时的艾森豪威尔已经通过他在部队里兢兢业业的变现，获得了证明自己的机会。他的军事才华已经有目共睹了。

在克尔特营解散的时候，有人曾经提出过这样的建议，希望陆军能够考虑在战后保留一定数量了坦克部队，建立一支专业的坦克部队常备军。艾森豪威尔也是这个建议的积极倡导者，后来陆军部同意了这个建议，批准了数百名坦克驾驶及相关技术的精英组建常备坦克部队的核心。

陆军部非常重视这个提议，并把这支部队设置在佐治亚州的本宁堡。要知道那里可是陆军步兵的总部。被获准的人要乘坐火车赶往那里，艾森豪威尔当然也在其中。火车慢得可怜，任何通往佐治亚州的火车都比他们乘坐的火车有优先通过的权利。火车上的条件是艰苦的，没有餐车，更不可思议的是连厨房都没有。艾森豪威尔就随便在行李车上拿出便携式的炉子，生火做饭。就像在火车上的遭遇一样，艾森豪威尔的未来，一样惨淡而凄凉。战后，很快进入了经济复苏期，这个时期，对于需要用战斗的胜利证明自己的军官来说，是非常地煎熬的。这种远离梦想的感觉就像小溪里的鱼儿渴望大海一样。

陆军子啊考虑坦克部队未来的时候，艾森豪威尔乘坐火车来到了本宁堡，而回到丹佛家中参加布斯特的葬礼的玛咪母子也便留在了那里。这一家人再度团圆已经是一年后的事情了。艾森豪威尔抱着一丝希望到本宁堡加入坦克部队常备军，结果那个常备军的组建热情比水凉的还要快。很快那些人变成了无所事事的空闲军人。

令人高兴的是，1919 年 3 月艾森豪威尔又有了回到米德堡的机会。陆军从新拾起坦克部队的事情，并把米德堡作为永久性的坦克部队的基地。原先的所谓常备军已经残缺不全了，为了建立一个真正的坦克部队，陆军重组了这个部队。由美国坦克部队及美国远征军坦克部队组成部队的核心，准将萨缪尔·罗肯巴奇被任命为总司令。曾经这位美国骑兵的高级军官，一度担任过美国远征军坦克部队的指挥官。而今任命他为这个总司令是在合适不过了。

在法国的战斗数月里，罗肯巴奇的盛名远扬，这得益于他尖利的嗓音和森严的军规。这个时候的战斗中，他一直是巴顿的顶头上司。不过，在巴顿的眼中，这个顶头上司拖了美军的后腿，妨碍了美国远征军获得第一批坦克。因此巴顿经常对这个顶头上司发飙，丝毫没有忍让的意思。

但是，奇怪的是罗肯巴奇却对巴顿格外地保护，在作战的部署和调配上尽量不妨碍巴顿的部队。

艾森豪威尔对罗肯巴奇的印象不是很好。他对这个新任的顶头上司很有看法。因为罗肯巴奇一上任就认命了艾森豪威尔为米德营的橄榄球教练。艾森豪威尔就是因为这个非常的不悦，难道在这个人的眼里我艾森豪威尔仅仅配做一个橄榄球教练吗？现在在米德营里面艾森豪威尔也算得上是一名高级的军官了，难道一个高级军官在罗肯巴奇准将的眼里就是一个橄榄球教练的材料吗？

没有办法罗肯巴奇的任命给了艾森豪威尔这样的错觉。不过，很快这位准将就发现了艾森豪威尔是有着错误情绪的。他深刻地批评了艾森豪威尔的想法，觉得他这样的认为过于偏激了。后来艾森豪威尔也就不再为此事多加言论了。

橄榄球教练就橄榄球教练吧！艾森豪威尔实在没什么办法了，他也改变不了什么。他就把自己一贯的热情和非凡的领导力，带到了橄榄球对的训练中。1919~1921 年，艾森豪威尔一直担任着这个坦克学院橄榄球队的教练，并通过他的不懈努力，和"特有的军事上指挥才能"使得橄榄球队一直保持着不错的战绩。对此，罗肯巴奇专门写下一封表扬信，称赞他"非凡的努力"。

在战后和平的日子里，艾森豪威尔在部队中的日子越发的平淡。很多的同事同学都离开了部队，到政府部门就职或是进入商业圈，做起了生意。这样艾森豪威尔的人生站在了一个十字路口上，向哪里走才更加合理成了一个问题。然而这只是他周围的人受到风潮影响的想法，艾森豪威尔是怎么样的热爱着他的军旅生涯没有人能够真正的体会到。他实际自己坚定的要走在这条军事生涯的大道上，非常执著，永不悔改。

作为丈夫，作为一家之主，他的决定实际上对玛咪和儿子来说是不够理智和公平的。他如果放弃军事生涯，他可以去曾经克尔特营的一名下级军官后来离开部队开的公司里拿到几倍于军营里军贴的薪水。在这个问题上，玛咪和他的同学都曾经多次劝解过他。但是，他没有放弃自己的军旅生活，他认为还是这样的生活更加的适合他。尽管薪水低，福利也并不令人满意，但是他却无怨无悔。他对玛咪解释说，金钱和享乐或许无法弥补我离开军营的不悦。或许我真的要离开将留下永生的遗憾。我不想活在遗憾中。玛咪被他的话感动了，她不再劝说艾森豪威尔了。

后来的艾森豪威尔在军旅生涯中的突出表现充分地证明了，做出这个决定是非常正确的。但是，他现在还是生活在同困难作战的岁月里。

在美国进入大萧条时期，政府按月分发给军人的薪水便使得这些军人家庭不必为生计奔波。然而部队的生活依然是非常的清苦的。

在艾森豪威尔初到米德营的时候，米德营清贫如洗。在这里没有结婚公寓，一些新婚的军官不得不离开妻子，独自住在阴冷潮湿的单身公寓中。新婚分别，凄楚可想而知。

正如玛咪父亲曾经说的，军人的家庭生活聚少离多。直到 1919 年秋，玛咪和艾森豪威尔才再度重逢,生活在一起,由于单身公寓根本容不得两个人在一起。他们在马里兰州的劳瑞尔租了一间十分简陋的单间屋子。条件清贫,生活也更加的困苦。这样的日子,他们不愿意让小艾基也品尝,就把他留在了丹佛,交给了玛咪的父母。

这样的生活对从小就吃苦长大的艾森豪威尔来说并没有多么特别,还能够忍受。而自小像公主一样的玛咪很快就败下阵来,她没到两个月就收拾行装回丹佛去了。当然这里面还有对小艾基的思念,要知道一个母亲离开自己的孩子的日子有多么的煎熬。终于她受不了思念的煎熬,过不惯清贫的日子了。还有更加重要的是艾森豪威尔工作起来过于尽职尽责,他几乎所有的时间都在部队里忙碌着。玛咪只能独自在家里,遥想远方的儿子现在怎么样,是否在哭泣,是否在找妈妈。艾森豪威尔是怎么样的挽留,但是,他也希望孩子能够生活在父母至少一个在身边的日子里。因此,玛咪坚持回去,艾森豪威尔就允许了。

玛咪回丹佛的事情,令艾森豪威尔受到了很大的伤害。当然,这种伤害不是玛咪想要制造出来的,是军人的特殊职业特有的。他感到更加的孤独,郁闷。忙碌或许能够令他减轻一些痛苦,于是他不给自己时间去想没有意义的东西,增加伤悲。他也很少写信回家了,他不敢静下来。玛咪因为他的冷淡,心中很沮丧。两个人的情感在冷战中延续着。

这种情况一直持续到 1920 年 5 月才有所改变。军队的清苦生活被士兵和军官们不断的抱怨声中传递给了上面。随着呼声的不断扩大,政府开始考虑部队的实际生活情况了。也是这个时候,一些裁减下来的营房才改造成家庭宿舍。为了修补艾森豪威尔和玛咪冷战的感情,艾森豪威尔再次把玛咪接了过来。这次好在有了住的地方,儿子艾基也一同地接了过来。三口人再次团聚在了一起。

然而生活拮据如昨,陆军部吝啬的很,没有任何的资助。所有的生活用品,家具物件都要从自己的腰包里掏钱去置办。好在,他们还能够负担得起,简单的家具自办。落了户以后,他们非常幸运地遇到了邻居——巴顿一家。

　　巴顿的名字,艾森豪威尔已经早有所闻了。他是出了名的暴跳如雷的家伙。不过不同的角色就能够映射出人不同的侧面。巴顿作为丈夫可是一只地道的小绵羊。他非常爱自己的家,爱自己的妻子。在家里他很少发脾气。看到了这个侧面的巴顿,艾森豪威尔敬佩不已。在战场上作为一名将军,就应该勇猛无比,有了斗志有了杀气,士兵们才能够有力量。在家中,角色是丈夫,那嚣张的气焰也该收起来,做好丈夫该做的事情。艾森豪威尔从巴顿身上学会了很多东西。两家的关系也处得非常的融洽自然。

　　巴顿的温情或许一半要来自他温柔贤淑的妻子——比阿特丽丝。一个人的改变往往是通过他人实现的。身边的人更能够发现自己身上小小的优点,并将其无限的扩大,使之成为一种性格。巴顿和妻子或许就是这样的吧。巴顿常常亲昵的称呼她为“贝儿”。巴顿和他的妻子过着非常富有的生活,他们有一大群的佣人和一辆代步的汽车。在生活方面,为邻的艾森豪威尔家时常得到巴顿夫妇的帮助。

　　时间走到了 1920 年的时候,美国的军界发生了一件很重要的变革,在此之前暂定的国防法案在这一年的 6 月变成了正式法律。这个法案对现有的军队有很明确的限制。

　　一个国家军队的数量对于一个国家的安全有着至关重要的作用,艾森豪威尔和巴顿在得知这一消息的时候气愤得无以复加。他们和当时军队里的很多人一样,认为国会通过这样的法案极力削弱军队数量,会严重威胁到美国国家和人民的安全,因此他们提出了强烈的抗议,但是他俩人的不满的话语,自然无法起到什么作用,最多也就只能在口头上不满罢了。

驻军巴拿马

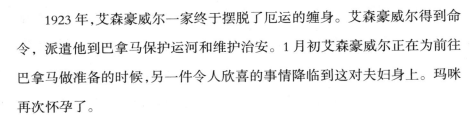

1923 年,艾森豪威尔一家终于摆脱了厄运的缠身。艾森豪威尔得到命令,派遣他到巴拿马保护运河和维护治安。1 月初艾森豪威尔正在为前往巴拿马做准备的时候,另一件令人欣喜的事情降临到这对夫妇身上。玛咪再次怀孕了。

玛咪 8 月份左右才能够分娩。她完全可能以陪同艾森豪威尔一起去巴拿马赴任。不过,艾森豪威尔是个工作狂人,就怕到了玛咪分娩的时候,没有人照顾在她的身边,况且美国有着世界一流的卫生医疗设施。因此在孩子出生之前,玛咪将不得不回到美国本土接受最安全最现代化的护理。

这一次,艾森豪威尔却于出乎意料之外,他放下了手中的工作,在夏天到来之际,陪同玛咪去丹佛避暑。为了避免这对母子遇到任何意外,艾森豪威尔选择了一个非常高级的现代医院。这次生孩子,玛咪得到了艾森豪威尔的陪伴,内心非常激动,被艾森豪威尔的行为感动了。不久,他们又有一个爱的结晶,次子——约翰·谢尔登·杜德·艾森豪威尔。艾森豪威尔兴奋极了,他再次露出了久违了的笑容。约翰的诞生,给这个一直沉闷的家庭增添了新的幸福。

艾森豪威尔以支援部队指挥官的身份前往巴拿马,因为这个头衔,艾森豪威尔的舱位是相对非常好的。然而,没过多久,艾森豪威尔在船上的房间就被几个没有正经事可干、出来兜风的高级军官给霸占。和那些将军比艾森豪威尔的官阶不值一提,他也便无可奈何了。给他们调换的房间小的可怜,而且实际上根本无处睡觉,可怜的玛咪只好挤在椅子上对付过夜。加勒比海的风暴异常强烈,玛咪本来不习惯乘坐轮船,遇了风浪,船颠簸得厉害,于是晕船了,每天早晨都恶心。这些游手好闲的将军,滥用职权,令艾森豪威尔厌恶不已。后来,他对滥用职权的军官处理非常严厉。十天非人的待遇终于结束了,他们来到了巴拿马。当艾森豪威尔下了船到了营地的时候,还在抱怨这个旅行实在是糟糕透了,狭小的房间就像监狱一样。

艾森豪威尔夫妇到了巴拿马之后的生活条件恶劣如昨。在盖亚尔营中,他们住进一个旧屋子。条件极差,满屋腐臭的气味,天棚还不时地漏雨。屋子里面除了他们夫妇二人,动物也颇丰富。蟑螂、臭虫一应俱全,老鼠也经常赶来凑个热闹。

不过好在玛咪是个干净而利落的人。他们刚住下,玛咪便开始忙活了起来,装裱墙体,洗刷地板,去尘除灰,玛咪一连干了好几天。结果原来带着腐臭味的棚屋,很快就旧貌换新颜了,带给人一种温馨,舒适的气息。这个时候的玛咪也懂得为生活精打细算了,她花费大量的时间同人砍价,最后以非常少的佣金雇佣了一名当地人为佣人。不过,佣人并不熟悉军营里的生活,因此很多的活计都不会做,这样玛咪一边教一边使用这个佣人,实际上,还是有很大一部分活计是自己完成的。

军人的生活就是这个样子的东奔西跑。东奔西跑就意味着要时常搬家,而这次的家,艾森豪威尔夫妇所知之处中最令他们头疼和厌烦的。玛咪也从来没有见过这样的居住环境。在玛咪没有认识艾森豪威尔之前,她还真的来过这个地方,但是,那是只是旅行,同父亲一起。短暂的旅行并没有让玛咪真正的尝试到巴拿马的高温和潮湿。回头想想,那个时候怎么会想到她会有机会住在巴拿马。温热和潮湿时细菌的最爱,在巴拿马,人畜患上痢疾、疟疾等疾病是常有的事情,如何避免呢? 这要从饮水上下工夫。没有人敢喝这里的生水。当然艾森豪威尔和玛咪也不例外。他们吃的大多是罐装食品。

渐渐的玛咪对这样的环境容忍度已经到了极限了。几个月以后，在在周围的邻居以及部队士兵的帮助下，艾森豪威尔夫妇终于下定决心，翻建了他们的住的破房子。一个崭新的舒适明亮的新家展现在他们的面前。

业余生活也乏味透顶，尽管每周都有舞会和打桥牌的集会，但是除此之外别的娱乐项目就几乎没有了，社交生活也很贫乏。

艾森豪威尔过去的一段时间生活的过于压抑了。初到巴拿马的生活中，因为艾基得病夭折，艾森豪威尔无法摆脱丧子之痛，同时也致使玛咪郁郁寡欢，妻子的状态和对爱子的思念这两件事令艾森豪威尔好斗的性格在巴拿马更加明显，他常常抑制不住自己的脾气而暴跳如雷。他换了一个环境，到了国外，很多的新鲜的事物吸引了艾森豪威尔的心。这些异国风情，渐渐的开始温暖了艾森豪威尔冰冷沉郁的心。他的心境开始复苏起来，独自伤心的时候渐渐地变少了，与人的交往多了起来。开始同军官们一同骑马散步、打猎郊游，还时不时地同下级军士玩玩扑克、打打篮球，生活的色彩丰富起来了。

到了巴拿马之后，艾森豪威尔夫妇结识了福克斯一家。两个家庭的背景差异极大，但是相处的很好。福克斯·康纳出身名门显贵，他的妻子弗吉尼亚更是一位百万富翁的女儿。家庭背景的因素并没有让这两个比邻而居的家庭走的疏远，刚好相反，在这个异国他乡，相互的帮助和照应，带给了两个家庭很多的温馨。

两个家庭刚刚搬都一起的时候，相互欠缺了解。在弗吉尼亚·康纳看来，艾森豪威尔一直是一个沉默寡言的人，欠缺沟通能力和交际才华。当他们了解到艾基的事情之后，出于同情和关心，便经常邀请他们夫妇前去做客和游玩,为他们调整心情。由于在军用中康纳夫妇和艾森豪威尔夫妇的家在一起,两位军官便结伴上下班。福克斯·康纳的出现,改变了艾森豪威尔的命运。可以这样说,在艾森豪威尔人生路途中最关键的时刻,康纳是这时对艾森豪威尔来说最关键的一个人。命运就是这样安排他们在异国他乡,在特殊的任务和环境下相识,相知,最后康纳用他有力的大手和过人的智慧推着艾森豪威尔走向其人生的顶点。毫无疑问,艾森豪威尔一生已经开始转变了,这个转变的过程,让康纳为美国培养了一个在二战中赫赫有名的将军。

康纳对艾森豪威尔的影响从这里开始了。他们上下班时,经常在一起谈论理想,探讨军事,交流思想和感情。很快这位康纳先生成了艾森豪威尔的精神导师。艾森豪威尔一直坚信的一个非常大的错误想法是他认为军事史是无关紧要的一门科学。这个错误想法形成于他在西点军校时。那个时候,西点军校的军事史可程乏味不堪,更要命的是教授的方法不得当。教授这一科目的老师思维没有完全打开,对军事史课程的理解不足。徒劳的让学员们记背一些交战时间,地点,人物。而没有深入地上升军事理论的深度。这样给了艾森豪威尔对军事史的错误认识。

康纳直接驳斥了艾森豪威尔的错误想法,他细致又系统地给艾森豪威尔指出什么才是军事史。军事史对于一个成长中的军官有着怎么至关重要的作用,学习军事史的真正含义和价值。在康纳的个人军事理论中,他指出对历史能有透彻了解的人在能够在军事上作出正确的谋划和判断。因此他建议艾森豪威尔重新展开军事史的学习,武装自己的大脑,提升对军事的认知。

经过康纳的讲解和点拨,艾森豪威尔重新认识了军事史,也第一次遇到了这样具有哲思的军事人物。康纳的深邃,令艾森豪威尔刮目相看,他开始深深的敬佩起这位邻居，这位好友，这位导师。经过康纳的启发和引导艾森豪威尔的好奇心突然的一下子爆发了。对军事史的研究兴趣一下子浓郁了起来。艾森豪威尔开始系统学习军事史。他的学习过程很有趣，也不像在西点军校时那样的无聊乏味。他是通过与康纳将军的讨论中步步深入的。一个人的思想升华，有的时候，需要用外来的活水浇灌润滑头脑才能做到。

康纳对艾森豪威尔学习军事史，提出了非常好的建议。他认为，一开始就抱起大部头的军事名著来读，是并不科学的。有很多的术语，很多的经典论述，没有故事的支撑，没有范例的分解是很难理解透彻的。依据他学习军事史的经验，他建议艾森豪威尔从历史小说读起。了解了大量的历史故事之后，再一点点的进入专业的领域，这样一来学习不至于变得很乏味，另一方面，也便真正的掌握了军事史给人们的启发，学到其中的精髓。

康纳家就像一个军事图书馆，他的藏书十分的丰富，这个也是艾森豪威尔学习的一个便利条件。康纳很器重这位年轻的军官。觉得他极富灵性，是个当将军，当统帅的好料子。康纳非常愿意辅助这个有灵性的"学生"成长。因此，每当艾森豪威尔读完一本历史小说，或是历史著作的时候，他就像老师检验学生一样，让艾森豪威尔同他谈谈读书的心得。当艾森豪威尔读完了一本关于美国南北战争的书时，康纳便开始发问了。为什么南北战争一定会爆发？为什么李选择在葛底斯堡开战？为什么米德会成功？李还有别的选择吗？其实艾森豪威尔在学习的时候，这些问题就已经萦绕在他的脑海之中了，他一边学习，一边也在不断的寻找着答案。年轻的军官——艾森豪威尔——解答着老师的问题，并说得头头是道，大肆的分析了双方战争的得失。这些答案，令康纳拍案叫绝，暗想这个人将来前途不可限量啊！

作为艾森豪威尔的导师，康纳的一句话，令艾森豪威尔永世难忘。他这样说,要严肃地对待工作,永远不要觉得学识已满。在康纳的帮助下,艾森豪威尔阅读了被世人奉为经典的一书《战争论》。这本卡尔·冯·克劳塞维茨倾其一生的思想著述的大书,艰深难懂。一般人根本没有勇气去翻看,而在康纳的协助下,艾森豪威尔却把这本书熟读了三遍。他是真的读通了,读透了。这本书在他的后来参加战争时给予他很大的帮助。难怪在艾森豪威尔生命的最后岁月中,他会说,康纳帮助他读了《战争论》这本书,这是他军事生涯中最大的财富。

艾森豪威尔在康纳的指导下,那个阶段读了很多的军事名著,研究了很多战争的得失长短。南北战争、特洛伊战争、十字军东征等等很多众所周知的战争,被两个人横着切成片,竖着切成段,由表及里地系统分析了一遍。在那段日子里,艾森豪威尔不仅学习了这些经典的战争,他还真正的理解了社会发展的同战争之间的关系。与此同时,他是大量的研究了历史上的著名军事人物,亚历山大、拿破仑等等。

康纳曾经和艾森豪威尔讨论过关于《凡尔赛和平条约》的相关问题。康纳犀利地指出,这个条约实际上是不够平和的,它埋下了一个定时炸弹,不出 20 年,世界性的大战还有以此引爆。随着艾森豪威尔学习的深入,他越来越坚信,康纳的见解是多么的正确。

康纳认为,艾森豪威尔的锻炼应该是多种多样的,因为一个合格的将军不能只在一个方面令人佩服,那样的人也不配称为优秀的将军。于是康纳近乎严厉地要求艾森豪威尔每天早上给康纳看一下他写的战场命了。就这样艾森豪威尔得到了很多的关于准备和发布命令的技术的训练。

艾森豪威尔作为康纳的副官和朋友,两者关系非常亲密,加上前者的工作和学习能力确实优秀,因此在每次考绩中得到的评价都是"卓越"。这样的成绩令很对人感到嫉妒, 他们觉得艾森豪威尔是个溜须拍马的能手。

对艾森豪威尔大加诋毁。他们不知道艾森豪威尔和康纳走得很近都源于学习，即使知道他们也不愿意那样认为。

　　艾森豪威尔对自己身边的这位导师级的好友敬佩有佳。但这并不代表艾森豪威尔对他无限制的膜拜，把康纳视为人生的导师一样言听计从。他和康纳在某些问题上的观点是不一样的。艾森豪威尔接受康纳的教育和帮助，但是他们没被康纳的思想同化，也没有在学习的时候失掉独立思考的能力。就世界性战争爆发时，应该联合军队同意调度指挥，还是应该各自为战，推动战争进程的问题上，他们有着很大的分歧，可以说是观点完全相悖的。参加过一站的康纳深受联合部队的限制，他觉得联合作战存在着不可调和的弊端。根据以往的经验，多国部队的协调能力很差，更重要的是，曾经的美国远征军臣服于法国的指挥。这样的经历令康纳觉得十分地压抑和懊恼。而艾森豪威尔则认为在世界性的大战中，联合作战是一种优势，集中各国的兵力于一点，可以最有效的克制敌人。是取得胜利的一个重大因素。两个人的观点不同并不影响他们的友谊，而相处一起的这缘分很快就化为乌有了。福克斯·康纳已经接到了调回华盛顿的命令，即日即将启程，到华盛顿担任参谋长的首席副官。

　　命运总是在你刚刚对它有所熟悉的时候就再次发生改变。康纳的离开令艾森豪威尔喜忧参半。他为自己的好友，自己的导师，自己的上级康纳军官能够得到升迁而高兴。实际上，康纳的新职务，可以毫不夸张地说康纳相当于走上了陆军参谋长的位置，并控制整个陆军。因为现任的这个参谋长并不是非常在意自己的职务，经常地开小差，离开部队。

　　从某种意义上说，康纳的提升也同时给了艾森豪威尔升迁的机会。以康纳对艾森豪威尔的了解和信任，当他需要手下有得力的部下时，他会在第一时间，第一念头了想到，这个他曾经的副官、学生、挚友。艾森豪威尔忧

二战浪漫曲

愁的是，他确实并不想离开这个上级，他传授给他知识，给他很大的帮助，甚至在军事生涯中为他指了一条星光大道。这样的好领导，好上级要离开心中总会非常的酸楚的。

这个时候的乔治·马歇尔已经在美军中成为赫赫有名的军官了，福克斯·康纳在离开巴拿马之前最后一次建议艾森豪威尔如果要是离开这里，投奔这个人是个不错的选择。但是部队里的一切不是某个个人说了算的。在巴拿马的时光过得很快，这段时间，是艾森豪威尔最感到充实的岁月。

康纳离开不久，艾森豪威尔在巴拿马的服役时限也马上就要到了。当时调令迟迟没有到来，艾森豪威尔有些等得不耐烦了。因为，这个问题始终困扰在艾森豪威尔的脑子中。他倒是希望早点知道，也就安心了。迟来也总算来了。陆军部下达调令，要求艾森豪威尔再度回到马里兰州的米德军营任职。一听到这个，艾森豪威尔的脑袋轰的一下子，他们夫妇对那里都心有余悸，再也不想去哪里了。军人以服从命令为天职，这一点，在艾森豪威尔的意识里还是非常强烈的。

从一个条件极端恶劣的地方，搬到一个条件也非常恶劣的地方，并没有什么欢欣可言。不过，玛咪还是厌烦透了巴拿马。就算是去米德营也好，她也一刻都等不及了。她没有同艾森豪威尔一同上路，艾森豪威尔绝不会违背命令，他坚决地要"站好最后一班岗"。于是玛咪带领一家先行一步，提前几个星期就离开了巴拿马。艾森豪威尔交代好了工作，在巴拿马坚持了最后的几天，才搭乘一艘拥挤的运兵船回归本土。

陆军大学与欧洲作战委员会

回到本土后,很快艾森豪威尔同玛咪汇合,然后到米德营报道。报到之后,艾森豪威尔一家再次住进米德营中,他们曾经在 1921 年住过的条件恶劣的公寓里。

康纳得知艾森豪威尔再度回到米德营,心中有些不悦。康纳很担心这位曾经是自己副官的学生的前途。他觉得把艾森豪威尔放在米德营里有些大材小用了,这样国家会因此损失一个非常优秀的人才。康纳觉得艾森豪威尔是一匹没有吃饱的"千里马"。应该到大学里再镀镀金。他觉得艾森豪威尔非常的有前途,只要引导得当。于是,康纳将军多方活动,最后在他的保举之下,艾森豪威尔走进了陆军大学的大门。

走进陆军大学,艾森豪威尔的心情十分的高兴。他在得到康纳的指点之后,发现自己的军事知识还有待于进一步深化和加强。康纳慧眼识人,最后给艾森豪威尔争取了这次继续深造的机会。对此艾森豪威尔是心存感激的。他进入陆军大学之后,很快就给康纳去了书信,感谢康纳的提携。

艾森豪威尔在大学里学习非常的认真。他与其他的学员有些不同,他的学习方法和方式得到了康纳的指点,所以吸收知识特别的快而且扎实。

时间荏苒,岁月如梭。很快的,艾森豪威尔在陆军大学的生活就结束了。艾森豪威尔以第一名的出色成绩从莱文沃斯堡指挥参谋官学院毕业。10 天之后,他就和妻子玛咪、儿子约翰一起赶往家乡阿比伦。

一个千载难逢的聚会等待着他们。艾森豪威尔家一共兄弟六人,各自

二战浪漫曲

都在自己的岗位中紧张而忙碌的工作着。正如艾森豪威尔在回忆录中的话说，他们兄弟聚在一起的难度，不亚于在二战中对整个欧洲做的战略部署。

因为这个机会实在是太过于难得了。于是，艾森豪威尔和他的家人才不能错过。

儿子们陆续到了家，老艾森豪威尔夫妇都非常的高兴。这么多年过去了，他的这种性格没有丝毫的变化。晚宴正式而隆重，大家觥筹交错，好不热闹。大家齐聚一堂，自然有很多的话要说，很多的感情要表达。

全家人能够齐聚，是多么的不容易。这样的时刻是值得纪念的，怎么才能够把这个瞬间变为永恒呢？艾森豪威尔提议，在这特别的日子里照上一张全家福，作为永久的纪念。全家人，挪椅拿凳，聚在门前。随着当地的摄像师相机快门上的手一动，一缕白烟飘过，美好的时刻顿时凝练起来。

照相的时候，德怀特穿着军装，左胸前的口袋上佩戴着他的优质服务勋章，脚下是擦得锃亮的皮靴。在相片上，大家的表情都非常的严肃。唯独面带一丝笑容的人是德怀特。在未来的岁月中，这位面带着微笑的人，走到了美国社会的顶峰位置。成了本家族中最为出色的人物。为这个家庭赢得了荣誉，同时也为他的祖国赢得了荣誉。

艾森豪威尔从陆军大学毕业以后，选择了到欧洲工作。在选择出路的问题上，当时他受到了妻子玛咪的影响，玛咪恳求他接受这份工作。玛咪向往能够有机会去欧洲，想出去看看世界，也体会一下不同的国度风情。艾森豪威尔觉得走过的路着实令玛咪太苦了，他愿意满足玛咪的愿望，他是多么深沉地爱着自己的家，自己的妻儿啊！到那里都是在为国家做事，都是在努力报效祖国。他这样地告诉自己，尽管他是多么希望得到去参谋部任职，但是，这次他放弃了。他决定答应潘兴，返回作战纪念委员会。

1928 年 7 月的最后一天，艾森豪威尔启程出发了，随行者有玛咪，约翰以及约翰的外公外婆。美利坚号客轮,鸣起了长长的汽笛,缓缓地驶离了纽约朝向第一目的地英国驶去。但是没等他们仔细地领略英国的风光,就因为工作地址发生了变动而必须尽快奔赴巴黎了。

抵达法国之后,艾森豪威尔照常刻不容缓地到单位报到。报了到之后,最最重要的事情就要解决住的地方。玛咪四下了解一下,最后选择了一个离委员会办公室很近,又便于约翰上学的公寓。公寓坐落在塞纳河边,风景优美,推窗而望,大有观海听涛的韵味。三室一厅的格局足够艾森豪威尔一家及玛咪的父母住在一起。在他们住的地方不远处,有一个美国人办的专为寓居巴黎的美国孩子上学的美式学校。约翰每天步行就可以到学校学习了。

初到巴黎,没有法语基础的艾森豪威尔夫妇着实遇到了困难。沟通交际,不会法语,总有不便,尽管几乎所有的法国人都会说英语。在学习的过程中,他们下了很大的工夫,不过,收效却并不好,尤其是法语单词的读音老是像同艾森豪威尔开玩笑一样,令他头痛不已。对于艾森豪威尔来说,读和写还算过的去,只是说的时候咬不准音。可能源于他根本就没有能够挺清楚正常的法语发音。

在那里,艾森豪威尔只不过是个等级底下的军官,因此部队给的军贴也是微薄有限的。而巴黎作为世界上非常著名的国际大都市,消费水准也蔚为可观。很多相对奢侈的花销,对于艾森豪威尔一家来说,是过于奢侈的。他们也远离了很多世俗的场所。不过,艾森豪威尔的热情好客,玛咪的典雅大方,使得他们的朋友众多。不能够,到外面款待大家,那么艾森豪威尔的家便时常成为大家聚会的地方。"艾森豪威尔俱乐部"在巴黎很快再现了。

艾森豪威尔不止是一个好的军人,而且是一个好的厨子。他在多年的军旅生活中,练就了一手好的厨艺。因此,"艾森豪威尔俱乐部"永远都少不了艾森豪威尔亲情奉上纯正美国风味的食物。每次朋友们来聚餐都会开怀于此,美味佳肴,醇酒莺歌。大家都能够非常尽兴地疯起来。法国人过于绅士,而美国人却崇尚自由。吃过饭后,大家就让玛咪弹钢琴伴奏,一起唱歌,一股浓烈的思乡之情弥漫着他们,他们的心和灵魂都飘进了美国民歌和爵士乐的旋律中。

艾森豪威尔选择来到这里工作,原因并不出自内心。他是为了玛咪才这样做的。因此对于工作他还是心存某些不悦的。工作的热情一直都不是非常的高。每当他情绪低落的时候,他便徒步游荡在法国的大地上。在这些灰暗的日子里,他几乎用他的脚征服了整个法国的大地。没有想到的是,这些徒步的旅行为后来二战中艾森豪威尔的指挥帮了大忙。因为这片他徒步丈量过的土地早已印入他的脑海当中。尽管,他对手中的工作有很大的抵触情绪,但是,不可否认的是,这份工作使艾森豪威尔大开了眼界,长了不少的见识。

在大多数的时候,艾森豪威尔的出行都会有人陪同,只是陪同的人不同罢了,有的时候是一名司机而有的时候则是翻译官。艾森豪威尔像一个专门研究战争的大学教授一样,花费大量的时间考察,留下大量的考察报告,然后分门别类分析整理,必要的时候,自己绘制地图,并根据战争的结果分析战场各方面的情况,为修订战场手册准备草稿。

这样的工作使得艾森豪威尔对阿根纳、圣-米歇尔和查特鲁-赛厄里等地的人文战争、风土人情了如指掌。有很多时候他会开玩笑地说倘若我不是一名职业的军人,我便可以做一名专业的导游,能够告诉你这儿发生了什么、死了多少人、结果如何。

法国是一个饱经沧桑的国度。欧洲的战斗大部分都发生在这个国家的领土上。一直以来，无论是从罗马帝国时代到法兰西第一帝国，再到德意志帝国时代。法国处处都浸染着鲜血与牺牲。从阿尔萨斯-洛林到北海，那一块土地没有过硝烟弥漫，哪一处没有沉睡者死去的军人。所有的城市，所有的村庄，纪念碑林立。

实际上，艾森豪威尔在巴黎的工作，换一个角度看实际上是在进一步的学习。之前他在书本上学习军事史，而现在，他是在实践中，在观察战场上，在具体的地理环境中，去揣测当时的指挥官真实的想法。很多的书本上的不可理解，到了这里便迎刃而解了。为什么部队要绕开而不是走脚下的大陆，原来到了现场才真正的知道答案，书中的记载并不准确。这也为他参与后来的大战指挥提供了宝贵的第一手资料。

在1929年春天那个山花烂漫的季节。因为考察战场就是一个艰苦的旅行，艾森豪威尔希望能够给儿子约翰展示战争的残酷和罪恶，他决定带着玛咪和约翰开始了战场旅行。

说是旅行，倒不如说，是用血淋淋的现实给玛咪母子上了一课。一个关于战争的课程。艾森豪威尔带着儿子约翰，霍肯的儿子波和自己的妻子玛咪来到了凡尔登战场。在这个地狱一般的战场上，死亡的气息依然浓密，站在战壕里，地狱一般的阴森恐怖笼罩这那片土地。在杜瓦蒙特堡外面，约翰和他的朋友看见一个咧嘴笑的骷髅，嘴里只有一颗牙还在。两个小孩子吓倒了，他们哭了起来。他们从来没有见到过这样恐怖的场景。战争的残忍，第一次刻在他们的脑海中。

凡尔登的经历给玛咪和约翰留下了很深的阴影，为了能够让他们缓解一下精神上的刺激。艾森豪威尔结束了考察之后，申请了假期，带着他们游览一下欧洲的风光。说来也巧，一家三口还没等走几个地方，约翰就因为感染了风寒而咳嗽不止。由于有艾基的前车之鉴，他们丝毫不敢大意。他们马上结束了行程，到医院里给约翰看病。他们的欧洲之游就这样告了一个段落，很快约翰因为医治即使康复出院了。

艾森豪威尔在法国的任职在 1929 年 9 月结束。为了弥补上次旅游的败兴，艾森豪威尔在任职结束之前再一次请假带着玛咪和约翰出去旅行。这次他们游玩的非常的尽兴。

艾森豪威尔初到这个委员会的时候，本不是出于他的内心的要求，因此他并不快乐。当他投入到工作中之后，他真正的体会到快乐的时候，他的投入，他的兢兢业业有遭到了一些人的嫉妒。于是，令人厌烦的人际关系令他很不高兴。普莱斯和艾森豪威尔的关系就是一个非常典型的例子。他俩的公开的场合，都会表现出极度的热情和友善，但是实际上，私下里两个人的关系确实很不和谐。然而普莱斯的不快并没有阻止艾森豪威尔事业发展的脚步。尽管普莱斯在给艾森豪威尔最后的考绩报告中填写了"令人满意"的评价。

1929 年 9 月中旬，美国赴欧洲作战纪念委员会的工作在法国的部分终于结束了，艾森豪威尔终于如愿以偿，可以离开他所厌恶的法国和繁琐复杂的战场勘察工作。艾森豪威尔夫妇离开法国的时候，许多的人都赶到码头为他们送行，在艾森豪威尔乘坐的轮船上，有几大箱子的礼物，都是别人临行前送给他们的鲜花和礼物。

穿越了茫茫大海，艾森豪威尔夫妇再次踏上了华盛顿这片土地，当艾森豪威尔下船的那一刻，当他双脚再次踏上这片土地的时候，艾森豪威尔心中有种说不出来的踏实。

当他们回到居所后，艾森豪威尔又陷入了两难的境地。一面是继续待在作战纪念委员会，另一面还可以去陆军军部任职。与作战纪念委员会相比，显然陆军部是一个更好的选择，如果继续待在委员会，他很可能就会这么平庸的度过一生，而加入陆军部，他很可能获得他所期盼的东西，以及通往更高阶梯的重要一步。

是珍珠就会闪光，战争给一些人提供了难得机会。在一段时间里，艾森豪威尔在遇到福克斯·康纳之后再次遇到了一个影响到他一生的重要人物，也正是这个人使得艾森豪威尔平步青云，达到了其在军旅生涯之中的顶点。

伴随着世界范围的经济危机，从 1929 年开始，美国开始陷入了历史上最为糟糕的一场大萧条之中，无数的公司遭到破产，连带着无数工人失业。

此时的美国社会动荡混乱，每个人都在为能活下去拼尽全力。然而这一次霉运并没有缠着艾森豪威尔，这一年的 11 月，他被调到了陆军部。

很快，艾森豪威尔获得了一份新的工作，他被分配为乔治·霍恩·莫斯利准将的专职助手，负责向其他的文职助手们提供有关军事方面的建议。实际上，这个职位并不是一直就存在的。在第一次世界大战后，美军为了解决动员和获取物资等问题，才特意设立的职位。此时艾森豪威尔一跃迈进军事核心领导层，而家人也随之搬入了宽大舒适的新公寓里面。

无论何时作为一个下级军官和上司搞好关系都是非常重要，而且是不可或缺的。虽然艾森豪威尔对此发自肺腑地憎恶，但是没有办法，为了自己的前途，他只能硬着头前往。每当有空的时候，艾森豪威尔便会穿着整着正装带着亲属去逐个地向他的上司们做礼节性的拜访。当拜访结束后，终于解脱了的艾森豪威尔才能和朋友一起去打牌、打高尔夫球或者是饮酒聊天。

在艾森豪威尔家，晚餐的时候约翰的学业进展问题通常是一家人谈话的中心。艾森豪威尔会不断地问他诸如"在学校里学了什么""考试成绩怎么样"这样的问题。约翰后来回忆说："实际上，吃晚饭的时候，除了谈学校，我们不谈别的。"

约翰从很小的时候就继承了艾森豪威尔对于历史的喜爱。而艾森豪威尔对于约翰也是毫不吝啬地夸奖。

约翰在上小学的时候，再次和他的童年好友霍肯重逢，两人十分的开心。从那以后，霍肯变成为了艾森豪威尔家里的常客，每当放学的时候，两人就会聚集在艾森豪威尔家中玩耍、嬉戏。

两个顽皮少年聚在一起，总是会发生这样那样的状况。记得有一次，约翰和霍肯把他们在学校的化学试验带回到约翰的家中。他们两个在艾森豪威尔家的厨房里面把他们实验用的混合物弄爆炸了，弄得满厨房都是看起

二战总统的家事

来肮脏不堪的墨绿色黏稠状物质。甚至有绿色的泡沫从天花板上滴下来，简直一团糟。

玛咪对于此事很不高兴，要知道整个家里打扫的任务都是由她一个人负责的，而这种状况下，她又要费很大力气才将这里恢复原样了。出乎意料的是艾森豪威尔并没有生气，他说道，这是孩子们通过创造性地了解事物的一种方式而已。但是艾森豪威尔还是对于他们提出了警示，希望他们下次"不要再玩带响儿的了"，如果真的发生剧烈爆炸的话，不光他们将无家可居，而且他们的人身安全也将受到威胁。

由于长时间的作为参谋人员，艾森豪威尔练就了极其出色的文件命令等各种公文的策划与撰写能力。可以说在华盛顿的这段岁月里，艾森豪威尔最大的资产就是他的笔，因此也获得了美国陆军参谋部第一笔杆子的称号。

应该说艾森豪威尔在一个恰当的时期、恰当的地点干着最为恰当的工作。当时的参谋部虽然在美国国会上不受欢迎，但是那里确实那个年代美军战争政策出发的根据地。不论是演讲稿、报告或者参谋论文，当时许多的这些稿件都是出自艾森豪威尔的笔下，虽然工作很枯燥，但是的却很锻炼人，艾森豪威尔获益良多。以至于后来，一旦遇到关于参谋部的问题，他们都会习惯性的找艾森豪威尔解决，因为他是那里最了解这方面的专家，总是能够最快、最好的解决问题。

参谋部的工作让艾森豪威尔迅速地积累和熟悉了大量的有关军事活动的经验，而另一面，对于委员会的工作，他也不时参与到其中，从而了解了政府工作的一些奥秘。或许正是由于这段时间的累计，使得他既熟悉各种军事动态以及军事策略，又让他熟悉了政府部门的工作，为他后来能由军人成为美国总统奠定了基础。

虽然艾森豪威尔的能力毋庸置疑,但是他的火爆脾气以及高强度的工作对他的身体产生了很大的影响。长期的高强度工作损害了艾森豪威尔的身体健康,现在的他已经远远不能像几年前那样精力充沛了。在这一段时间里他治疗过的多种疾病,包括严重左肩滑囊炎与急性肠炎,曾经受过伤的膝盖也开始经常性地疼痛,最糟糕的是严重的背疼,他的视力也因长时间的案头工作而受到了影响。

艾森豪威尔在参谋的这段时间里,每个星期都要工作 6 天,而且总是要把工作忙完才肯休息。

1931 年的时候,艾森豪威尔也渐渐注意到了自己身体好像除了毛病,总是昏昏沉沉,提不起精神,而且后背和脊椎总是产生阵阵刺痛,使得他根本无法专心工作。当艾森豪威尔去医院检查,医生也没以后查出具体是什么病,只是劝他应该多休息。

对于艾森豪威尔的病症或许今天的人们会很熟悉,那就是职业病。由于在华盛顿的这段时间,他的出色能力得到了所有的肯定,上司们十分喜欢这个工作能力强、思维清晰而且具有杰出写作才能的参谋,而这样的结果就是艾森豪威尔每天又要多工作好几个小时,由于用脑过度,再加上他常见的坐着写东西,使得他换上了这种疾病。

华盛顿的飞速给玛咪留下了深刻的印象,她始终认为华盛顿是一座发展过快的城市。她还清晰地记得,那个时候的公共汽车票的价格还是 5 分钱,经常能够看到参议员们和其他上班族一起站在那里等电车,也没有几个人乘坐出租车。

但是每个月,艾森豪威尔夫妇两个人在坐车上就要花费不少的金钱。他们被迫增加参加各种社交活动。作为当时的礼仪,参与别人的宴会邀请后,同样也要在不久后邀请别人去参加自己举办的社交晚会才算是有礼貌。因此，每个月仅仅这方面的开销就十分巨大，使得他们两人不得不节省开支。为了能够省一些钱，艾森豪威尔夫妇俩即使在圣诞这么隆重的日子里，也不舍得去买那些已经装饰好的成品圣诞树，艾森豪威尔总是在圣诞的前夜才会去商店购买圣诞树，因为商家怕节日过后圣诞树积压，往往都会卖的很便宜，之后他和约翰两人把光秃秃的圣诞树运回家，自己装饰圣诞树。

随着经济的发展，许多美国人越来越追求舒适的生活，艾森豪威尔也染上了一些奢侈的嗜好，但是这些嗜好都是需要大量的金钱为基础的，他每月那点薪水根本不够开销的，因此他的这些嗜好被玛咪严格监管着，只能偶尔的享受到一次。

"出入上流社会，过着贫穷中的悠闲生活。"这是艾森豪威尔在那个年代生活的真实写照。唯一值得欣慰的就是，艾森豪威尔夫妇俩人和米尔顿夫妇之间的感情加深，他们每周都要聚在蒸蒸日上，米尔顿在农业部做出的成绩让他获得了提拔，而艾森豪威尔在陆军部的出色表现，也使得越来越的人开始注意到这个平时总是保持低调的参谋。

军人的生命中最璀璨的时刻就是在硝烟弥漫的战场上，因为只有在战场上才能体现出他们的价值与才能。作为一名职业军人，艾森豪威尔的最高愿望就是能够得到军队的指挥权，即便是不能够如此，那么退而求其次也要在部队中任职。然而这对于艾森豪威尔来说正好相反，虽然是一位优秀的参谋，但是艾森豪威尔对这项工作从来就没有满意过；但是陆军部的最高委员会已经把他看作是一个有希望的参谋，所以他没机会在 30 年代实现自己的梦想了。

对于丈夫的苦闷妻子感同身受，但是没有办法，玛咪帮不上艾森豪威尔任何的忙，只能不断地鼓励、安慰着自己的丈夫。后来玛咪回忆说，自己的丈夫十分想成为一个战斗人员，能够在战场上获得功勋，但是事与愿违，随着丈夫在参谋部里能留的不断提升，越来越多的人都把当成了一个善于出谋划策的文职参谋军官，而忽略了他战斗人员的出身。

艾森豪威尔是一个公私分明的人，虽然工作很繁忙，但是他都能安排的井井有条。在家里，他和妻子从来只谈家庭，从不将自己的工作带进家人的话题里。艾森豪威尔认为，每天自己处理那些工作十分劳累、操心，不应该让这份劳累在传染给自己的家人。因此后来问玛咪，她和艾森豪威尔是否谈论他工作的时候，玛咪摇着头告诉那些人，在家庭中他们各自扮演着自己的固定角色：玛咪主内，管理家庭的各种事务，艾森豪威尔则全心全意的主持外面的事务，认真地履行自己的职责。

经济的寒冬仍在蔓延，欧洲也受到了很严重的影响。在那个大萧条的年代里，许多人的生活都过的十分艰辛，除了像巴顿那样的军官，有着一个手握大笔财富的老婆外，其他的军官都过的十分艰难。艾森豪威尔这样的低收入军团根本没法拿出多余的开支来进行各种宴会活动，只能待在家里，和亲密的朋友们一起打桥牌或者办一个小型的野外会餐，放松自己的心情。

每当这个时候，小约翰就成为了大家的开心果，每一个人都十分喜欢这个小家伙。在家里来来往往的那些军官中，约翰最喜欢的就是休斯少校了，他是艾森豪威尔的一个好友，一个长官军队军火供应的军官，每次来的时候，他都会给约翰带一些由子弹壳做成的小工艺品，有的是枪、有的是坦克，收到礼物的约翰十分开心。

有的时候艾森豪威尔会找点时间来打高尔夫球，这项贵族式的运动还是他在莱文沃斯堡进修时学会的。但是很明显，这项运动并不是那么容易就学会的，虽然在后来，艾森豪威尔已经在一名业余的高尔夫球球手里面具有很高的专业素养和极其精湛的球技。但这并不表明从一开始他就会打得很好。

事实上，艾森豪威尔真的不是擅长打高尔夫。因为地域的原因，艾森豪威尔用沙堆代替球座，之后猛的挥杆，卷起一片沙土，非常呛人，一项绅士运动由此变的不伦不类。

艾森豪威尔和名将巴顿曾经是非常好的朋友，但是后来的一些误会使得两人的友谊产生了一些裂痕。但是因为艾森豪威尔这段时间的努力，不停地去拜访，很快两个人之间的关系得到了修复。

当时巴顿住在华盛顿西北部的一个宽敞公寓内，公寓很大，而且巴顿家还雇佣了好几个仆人。在巴顿的家里经常会举行各种社交聚会，而关系得到修复的艾森豪威尔一家也成为了那里的常客。

对于巴顿，小约翰记得十分深刻。小约翰说到，巴顿是一个十分幽默的人，喜欢开玩笑。但是他说话的时候总是喜欢带脏字，不管是在优雅的女士面前还是在顽皮的孩子面前，他都毫无顾忌。而且对于男孩子能够说脏话他总是很开心，或许他认为只有那样的说话才能证明自己是个男子汉。

相对于以前的生活来说，在华盛顿的生活无疑是丰富而多彩的。艾森豪威尔一直在结识新的朋友，在这一点上他的弟弟米尔顿对他助益良多。在政府里面的米尔顿经过几年的历练之后越发的如鱼得水，现在的他已经成为白宫的座上客。

在华盛顿的这段日子里，艾森豪威尔认识了许多的人，也结交了许多的朋友。有一个叫哈里·布彻的人，他与艾森豪威尔建立了长达数十年的友谊，后来在二战中布彻更是成为了艾森豪威尔的得力助手和心腹爱将。其实，艾森豪威尔能够和布彻认识并且结下深厚的友谊多亏了他的弟弟米尔顿。当时的布彻是哥伦比亚广播公司在华盛顿分布的主管，在米尔顿的介绍下两人才得以认识，此后艾森豪威尔经常邀请布彻一起去打高尔夫和玩桥牌。

艾森豪威尔给布彻留下的影响非常深刻。后来布彻回忆说到，艾森豪威尔之所以能够取得那些辉煌的成绩，跟他个人的专注有着密切的关系，每当艾森豪威尔投入到一件事情的时候，他总会是用全部的精神去完成，力求做到最好。虽然艾森豪威尔有的时候也会犯一些非常滑稽的错误，但是没有妨碍到他日后留给人们深刻的印象。

当时的经济大萧条对于美国所产生的影响是非常严重的，许多的住户所获得工资根本交不起房租，而那些房主们也因为破产把房子卖了。当时的美国军人的薪水更是少得可怜，胡佛党政时期，军人的工资就被削减了10%，后来罗斯福党政时期又削减了10%，低廉的工资使得像艾森豪威尔这样的许多军官都过着十分艰难的生活，艾森豪威尔甚至都考虑过退出军队另谋生路。

机遇就直接摆在了艾森豪威尔的面前，他在陆军部当文职所写的那些文章和建议引起了当时出版业巨头的注意，他们向艾森豪威尔发出邀请，请他担任他们的报社的一名军事记者，而开出的薪金是他现在军人工资的好几倍。艾森豪威尔知道这个机遇十分的难得，一旦他选择了成为一名军事记者，那么他和家人就可以摆脱目前的困境。

有生以来，艾森豪威尔第一次受到了经济独立的前景的诱惑，随即他征求了米尔顿的意见，米尔顿并不看好这次机会，于是，艾森豪威打消了念头。

艾森豪威尔最终还是选择的继续坚持他不看好的军事记者职业。他不想像1918年一样再次错过这场战争，为了这项不好不坏，不稳定的事业，艾森豪威尔付出了许多，而这项事业当时带给他的也只有劳累、失望以及

二　战总统的家事

继续的贫穷。但是，艾森豪威尔的这个选择却是他人生的一个巨大的转折点，同时也是世界的一个转折点，如果他当时放弃了，那么也没有了后来的五星上将，也就没了艾森豪威尔总统的风光，历史就将变得不可预期。

坚定了自己的信念，艾森豪围绕继续着他在陆军部的写作工作。每天他都要许多的稿子，其中有佩恩的演讲稿，副参谋长的毕业演讲稿，就连麦克阿瑟的年度报告都是他亲自执笔完成的，为此他还获得了麦克阿瑟将军的嘉奖信，使得他在枯燥的写作中获得些许的安慰。

1932年，经济大萧条继续在美国蔓延，到处都是无家可归的流浪者以及破产的人群。此时，美国再次迎来了最新一届的总统大选。美国民众对于经济危机再次表现出了强烈的不满，在这种背景下，罗斯福成为了美国新一任的总统，而民主党也赢得了国会众议院和参议院的多数席位。

正当罗斯福忙着恢复美国经济的时候，世界上不少人注意到了欧洲再次出现了危险的信号。在一个由默默无闻的下士、小胡子阿道夫·希特勒所领导的纳粹党正在德国疯狂地扩张，不断地扩充军队，而且此时这位领导者已经集大权于一身，开始了独裁统治。"世界噩梦般的10年"由此而开始了。

艾森豪威尔在参谋部的工作使他能够接触到各行各业的人员，他们中有许多人都是各行各业的经营，在参谋部的工作室的他和这些人产生了联系。他经常和商人、参议员、众议员以及金融家们交换意见，极大地丰富了他对美国的全面认识。而巴鲁克就是其中的一位。巴鲁克是华尔街很有名望的投机家、一个百万富翁，艾森豪威尔经常和他协商交流，两人成了终生好友。

对于罗斯福的"新政"，巴鲁克是持保守反对意见的，但是艾森豪威尔还是希望罗斯福的"新政"能够取得成效。他希望罗斯福能够实施严厉的经济控制政策,大幅削减政府的开资,虽然这一行很可能会使艾森豪威尔的收入变的更低,但是艾森豪威尔仍然希望他那么做,将这个国家从泥潭中拖出来。

在华盛顿工作的一个重要成果是艾森豪威尔拓展了自己对美国经济的认识,这不仅增强了他对个人观点的信心,还为以后他入主白宫以及对整个美国经济大局上的了解都有很重要的铺垫作用。

当时艾森豪威尔仍是隶属于佩恩工作室,但是他的独特才华已经引起了许多人的注意,麦克阿瑟就是其中之一。随着罗斯福的当选,佩恩随着退休,他很想将艾森豪威尔带在自己的身边为自己服务,如果他们有权利的话,他们甚至会直接将他提拔准将,只要他能留在他们的身边,但是一切都不可能了。艾森豪威尔正式利用了这一个机会,到了 1932 年,麦克阿瑟已经将这个富有才华的参谋当成自己得力的助手来使用了,对艾森豪威尔进行了提拔。

对于能够部队中任职,艾森豪威尔还是十分满意的,但是对于当得知自己即将别调任到德克萨斯的时候,他就没了兴趣,因为那里太炎热了。艾森豪威尔的家人都希望他能够去萨姆堡任职,因为在那里定居在情感上对玛咪有安慰,佣人也比华盛顿便宜。

虽然对于现在的参谋工作,艾森豪威尔十分的不耐烦,但是和调任比较起来,他感觉还是现在这个岗位比较有发展。"爸爸、妈妈和玛咪不断地谈论萨姆堡,好像任何别的选择他们都不会同意。所以我申请去萨姆堡。"但是艾森豪威尔有一件事没对家人说,那就是他心里希望自己的申请不被拒绝。

艾森豪威尔没费多大力气就被留在了华盛顿,主要还是麦克阿瑟希望他能够留下来帮助自己。麦克阿瑟向他许诺,明年将提拔他为华盛顿附近

二战总统的家事

的指挥官，并且提拔为上校。虽然不能够去萨姆堡，但是对于丈夫即将升职，艾森豪威尔的妻子还是十分的开心。而艾森豪威尔也没有任何异议，从那以后，艾森豪威尔正式成为麦克阿瑟将军的助手，他知道麦克阿瑟需要他。

就如同玛咪后来回忆的那样，军队生活总是难以预测，虽然不能够去萨姆堡，但是能够留在这里也华盛顿也不错，如果真的爆发的战争的话，那么肯定有他的用武之地，如果他再次错过的话，那么艾克肯定会崩溃的。

1933 年初，艾森豪威尔正式成为麦克阿瑟将军的参谋，另外还是他的助手。随后的几年里，艾森豪威尔一直跟随者麦克阿瑟南征北战，但是在麦克阿瑟光环的掩盖下，这段岁月也成为了艾森豪威尔军旅生涯中最受挫折的一段日子。

服役菲律宾

令人意想不到的是,艾森豪威尔曾和自己的妻子爆发情感危机。在这次情感危机当中,最为重要的因素,既不是玛咪也不是艾森豪威尔,而是麦克阿瑟。为了协助麦克阿瑟组建美国驻菲律宾的军队,他将远渡重洋赴万里,跨越阻碍谱传奇。

家的需求在战时必然和家庭亦或是个人的价值、情感选择产生更多的矛盾。玛咪的决定也给两个人在情感上造成了不小的压力,然而主导的河流并不会因为分支河流的改道而改变总体的走向。离开的开始终究要进行完成,开始的远行也必然再一次选择继续。1935 年 10 月 1 日,华盛顿。乌云密布,黑色笼罩。一干人等前来送行,吉米·奥德、麦克阿瑟、玛咪悉数在其中。去往马尼拉要先行去往旧金山,再到那里去换乘胡佛总统号客轮去往马尼拉。

艾森豪威尔和麦克阿瑟的到来正是为了帮助没有自己的武装力量的菲律宾组建其一支属于自己并且战斗力十足到可以保护菲律宾的军事武装力量,在 1935 年菲律宾独立成为一个国家之后,他们要帮助这个新兴的国家加强自我的军事武装的愿望就更为强烈。这个易守难攻的岛国对于盟军亦或是美国极具价值,其重要的地理位置就是美国选择重点扶持的原因之一。

然而对于经济状态拮据的菲律宾来说,总统奎松却为了能够拥有一支属于菲律宾自己的军事武装力量而投入颇多。尽管他们的行为类似于小马

二 战 总 统 的 家 事

拉大车,但是这样巨额提前消费式的选择,还是在当时的特殊时期被看作是一种正常选择。每月在军官工资以外的每人一千美元的巨额补贴对艾森豪威尔和麦克阿瑟来说着实不菲,他们在马尼拉享受着帝王一般的礼遇。

也就是转眼之间的事情,一年就那样地过去了,不留下一丝痕迹。约翰完成了在华盛顿的学业,已经长大了。玛咪也有一年的时间都没有见过艾森豪威尔了,他们母子决定一起到马尼拉来看他,以解惦念之情和相思之苦。在巴拿马生活过的记忆一直在玛咪的心中停留,久久挥之不去。尽管对于菲律宾这个地方有一千个、一万个拒绝到此一来的理由,但是仅仅是在这里的艾森豪威尔这一个理由就能够让玛咪不远万里来到这里,为的就是能看看自己的丈夫。一路上的颠簸和多年来胃病的疼痛对于玛咪的痛苦折磨,还是使得她对于来到如此炎热的地方,不抱什么好的印象。

待长途的航行结束之后,玛咪和约翰所乘的船到达马尼拉的时候,走下跳板的玛咪却因为劳累、休息不足和这里炎热的天气的综合影响而晕倒了。当她醒来时,她已经躺在了艾森豪威尔的身上,满头大汗的他正对着玛咪充满歉意地注视着。

显然艾森豪威尔的样子把玛咪吓了一大跳,玛咪在看到艾森豪威尔的新形象之后,差一点再一次地晕过去。玛咪在听到艾森豪威尔的问候之后显得张口结舌、手足无措。而艾森豪威尔在看到玛咪的莫名眼神之时,也发现了玛咪对他的生疏之感,艾森豪威尔也感到非常的惊讶,为何一年不见,自己的妻子竟然变得好像和自己生疏了许多。妻子的眼神反而根本就不看艾森豪威尔的眼睛,而是直直地顶着艾森豪威尔的头顶瞧。艾森豪威尔也发现了自己的秃头使得妻子有些接受不了。于是就解释道,是因为菲律宾炎热的天气,自己才弄成如此的发型的。听到这些,站在一旁的约翰笑得合不拢嘴。

住进了艾森豪威尔的房间后，艾森豪威尔的一家人终于算是团聚了。他们的到来着实忙坏了给艾森豪威尔安排的佣人们。他们忙前忙后地为艾森豪威尔收拾、整理房间。并且保持着每天都换一盆新的花，一日三餐更是海鲜居多，各种美味在换着样的到来。尽管是这样，玛咪仍是感觉很不适应，因为她很不习惯热带的环境，每晚必须睡在蚊帐里，而且还要喷上驱虫剂，以防止壁虎和各种各样的小爬虫进入他们居住的房屋。但是由于心理脆弱再加上身处陌生的环境，玛咪还是患上了幽闭恐惧症。她整日基本上全是呆在屋子里，几乎不出门。生活显得非常的无聊。

而他们的儿子约翰却完全没有像他妈妈一样的感觉，他并没有感到孤独，陌生也只是在赶到菲律宾时感觉有那么一点点，之后就渐渐地熟悉了这个热带的小岛国。并且由于约翰上学的学校里，基本上都是美国的儿童，他反而觉得这里和美国差不多，他的笑容依然灿烂无比。

随着时间的流逝，玛咪渐渐地适应了这里的生活环境，并且慢慢地像发现了至宝一样地觉得马尼拉的聚会举办的很有意思。尽管在当时的菲律宾显出了一些发展与曲线进步过程中的肮脏之处，但是玛咪仅是停留在内部的社交圈里。她所喜欢做的是：轻盈的舞姿，微笑蔓延。

二战
浪漫曲

到了 1939 年 12 月的时候，尽管受到了一再挽留，但是此时的艾森豪威尔的去意已决，一切劝告和诱使都显得苍白无力。当一个人能够虔诚地摆脱自身欲望和外围环境的规限和控制之时，那么真正完整的人就出现了。显然这些对那时的艾森豪威尔都无济于事。奎松竟然以为用一纸合同，用艾森豪威尔可以随意要求薪金的条件还可以挽留住艾森豪威尔，但是尽管菲律宾的奎松总统一再地努力。然而，真正在一个人的内心已经决定生效，并提交大脑神经中枢和主管记忆的神经元做备案之后。艾森豪威尔还是在一阵小小的感动之后，在回忆了他们几个人在一起通力协作、默契配合的日子里的若干细枝末节后，选择回到自己的祖国，美国。

12 月 12 日，为了感谢和表彰这位在菲律宾的美国军官对于菲律宾军事建设的巨大贡献，奎松总统在卡尼扬宫郑重地授予不久将别的艾森豪威尔一枚特殊勋章。授勋仪式结束后，奎松总统热泪盈眶、声音哽咽地说道："在艾克在菲律宾的这段日子里，我们的工作进展的尤为顺利。当我向艾克征询意见时，他所给出的意见，永远是诚实中肯的。"人们沉默、人们微笑，人们在以后的日子只能以怀念的形式再见到艾森豪威尔了。

客轮的汽笛声缓缓地拉响，艾森豪威尔的面庞朝着马尼拉的方向。碧波海水是一道蓝色的海洋，渐渐消逝的吕宋岛成为了记忆的雄鹰。"别了！马尼拉……"身旁的玛咪一瞬间悄然泪如雨下，4 年的时光都送给了这里，他们终于可以回到自己的国家了。

等到一家回到加利福尼亚之后，儿子约翰的学业问题就被提到了日程上来。一个人的未来基本上都来自于学习（学校教育只是学习的若干方面之一），艾森豪威尔的儿子约翰也一样要面对这些。对于这些，儿子约翰首先发问。"我想，爸爸，我必须要和你谈一些重要的问题了。""是嘛？说吧。"报纸上的内容吸引着艾森豪威尔的全部注意力。

"我想好了，要去西点军校。"报纸被缓缓地放下，艾森豪威尔的嘴张得很大，杯子也被放在了桌子上。"什么？"艾森豪威尔这句话一语双关，一是表达了自己的惊讶，二是表达了想再听儿子重复一下他的这个想法的意思。"是的，我想去的是您的母校——西点军校。"约翰的眼神中显出了几许不安的神色。"可是，你了解如果你选择去了西点军校，你将来将要做什么吗？"在此刻备显严肃的艾森豪威尔审慎地问着约翰。

约翰用手理了理自己的脖领，说道"我了解一些，而且我已经思考了很长的时间了。我要向雄鹰一样飞翔！"约翰郑重的回答让艾森豪威尔露出了十分满意的笑容。并拍着约翰的肩膀，不住地点头，表示赞赏。

然而一想到西点军校，艾森豪威尔还是以过来人的口气，再三地提醒了约翰。"那是一个非常严格，自由受到高度限制，对于命令和纪律，必须严格地服从和遵守的地方。""但是，我向往并且十分的渴望。"

艾森豪威尔语重心长地对约翰说着自己的认识、经历和想法。他对约翰反复地讲道了资历对于一个军人的重要性，即使你十分热爱军队、热爱国家，即使像艾森豪威尔已经在军队服役了 29 年之久，但是那并没有什么实际的效用。就算是艾森豪威尔从参谋学院毕业了，从最为重要的资历上来讲，艾森豪威尔还是显得有些不够格。所以，进入军队来说，是需要仔细考虑的一件事，要想到整个军人生涯的前前后后，并作出自己认为可行的规划。因为在军队中，资历的影响力太大了。同时艾森豪威尔也向儿子解释了儿子对于父亲为什么在这里并没有什么明确的发展前途却坚持留在军队里的疑问。他说道是一种对于事业的坚持、对于祖国的热爱和遇到一些让他感动的好人，更加的坚定了艾森豪威尔留在军队中的想法。艾森豪威尔说着说着，就显得有些动情了。最后他告诫他的孩子要努力做人。

阳光中，约翰点了点头。父亲的脸上充满了坚毅，在父亲这一番语过经心的言语表达时，约翰已经在心中下定了自己上军校的决心。

而艾森豪威尔也感觉到，为什么自己的儿子这一次的决心，如此地坚决？他不解地问儿子，为什么坚定了去军校的决心。而约翰也一本正经地回答道："是因为前几天在听了你的那些关于与高尚品德的人在一起无比快乐的时候，我就坚定了去西点军校的想法。"

儿子年轻的脸庞上，像极了自己的当年。他们右手击掌相握，看到了飞机划过天空。

随着事务的繁忙，艾森豪威尔不但薪金变得异常丰厚起来，也第一次拥有了一个勤务兵，这让他们一家人的生活变得更加舒适了。由于勤务兵是自由招聘、自由应聘的，所以艾森豪威尔在军营里贴了一张启事。于是一位名叫米歇尔·麦基奥的士兵前来应聘，他觉得帮助上校的妻子做家务赚点外快要着实比在陆军里干些他并不喜欢的活要好很多。一等兵麦基奥以自己的高效和忠诚，很快就赢得了玛咪和艾克的心。他们一家都亲切地称他为米基，他们彼此之间非常友善地相处着。一旦人心在彼此之间以坦诚相待、不设防，那么人的程度，就又加深了一层。

作为艾森豪威尔的勤务兵，麦基奥很高兴。这不仅是因为获得了较高的薪金，并且可以免除军队里那些又脏又累令人讨厌的活。而且，近朱者赤、近墨者黑。能够和艾森豪威尔这样的大人物接触，是更加让麦基奥感到无上荣光的事情。但是越来越复杂的军事情况使得艾森豪威尔变得越来越心烦意乱，他不得不用大量吸烟的方式，缓解自己的情绪。玛咪总是会警告艾森豪威尔尽量不要吸烟，而且他的生活状态总是把他们生活的家弄得很乱。直到战争结束后，艾森豪威尔才戒掉了吸烟的毛病。

有了麦基奥这个尽职尽责的勤务兵，艾森豪威尔家里的欢声笑语也多了不少。有一次，艾森豪威尔要去前线做视察工作，当他要求麦基奥陪同前往的时候，却遭到了拒绝。米基的理由是，他作为一个勤务兵，保证艾森豪威尔安全地回到祖国，也是他一份很重要的责任。

在艾森豪威尔在对欧洲的视察结束之后，他非常的恼火，因为根本就没有人相信"围捕"行动或是"大锤"行动。而艾森豪威尔是个并不轻易就认输的人，他起草了一份有关主张"战区司令部应当实施统一指挥"的草稿，并提交给了马歇尔。

艾森豪威尔把自己拟定的草稿给了马歇尔将军，请他对自己的草稿进行一番评价或者说是探讨。因为他殷切地希望能够执行自己所推崇的那些计划。"将军，请您仔细地观阅一下这份草稿，因为它可能影响下一步的战争进程。"马歇尔以他的大将风度轻描淡写地回答道："是的，我会看你的计划书的。可是，艾克。你认为谁会适合来担当欧洲盟军最高统帅？"艾森豪威尔低头不语，略加沉思。"我想，麦克纳尼将军将会是更加适合的人选。他不但拥有在伦敦工作的经验，而且他与英国三军的关系也较为融洽。他通达的人脉关系网更利于欧洲战区工作的顺利开展。"

其实，这些都是马歇尔有意在考量艾森豪威尔。他并没有接受艾森豪威尔的推荐，而是在三天后罗斯福总统批准的文件中看到了艾森豪威尔成为欧洲盟军最高统帅的字样。这样的任命，不但出乎了艾森豪威尔本人的意料，就连妻子玛咪也感到格外地惊讶。

出发在即，约翰也从学校请假归来，为他崇敬的父亲送行。笔挺的军装，一身的英气，约翰已经成为了西点军校的一员，他回家就是专程来见父亲的。父子两人就像是多年未见面的朋友一样，天南海北、无所顾忌、笑声朗朗地谈论着军校的生活和战场上的种种故事。

这里面的故事有很多，只是人，没法细说。尽管谈论的话题天辽海阔，他们还是在灯前聊了一整夜。这样的父子感情真让人羡慕，他们的理想因为现实和梦想的交融而变得沉甸甸的。

送别的时间终于到了，约翰两天的假期也完成了。收拾好行李之后，与父母握手言别。他们都将踏上各自的旅程,艾森豪威尔将赶赴欧洲建功立业,而约翰也将回到西点军校,通过艰苦卓绝的训练和认真的学习和领悟,成为一名合格的西点军校学生。转过脸,约翰嗖地给"

一走许多年。脚步在不停地赶路的人们,仿佛终其一生也无法征服一直都在蔓延的路,他们变得越来越没有止境,到达人们看不到的地方,没有一个尽头。最后一次的家人相聚已然结束,丈夫、儿子一离开,玛咪又要一个人寂寞地熬日子了。

第二天的早上,玛咪与丈夫艾森豪威尔来个一个长长的拥抱。并叮嘱他,即使是出门远行,也一定要记得常常地写信回家。虽然一夜没有休息的玛咪显得非常的疲惫,但是她依然以自己炯炯有神的目光打量着脑袋发亮的丈夫。接着就是那惯常的嘱咐的话,出外要注意身体,千万要少喝些烈酒,多休息之类的话。

玛咪依偎在丈夫艾森豪威尔的怀里,默默地说着甜言蜜语。她更是恨透了给她一生的生活带来无尽麻烦的战争。然而在战争期间,两个人的想念或是惦记也只能通过信件来传递,而且他们的信件的选词摘句也显出了战争的影响而不能任性地去表达。

一封封长长的信件就像是一个个飞翔的白鸽,在代表和平的时候,为人们传递着带来温暖的信件,那是一种幸福的精神体验。他们的话也不能不流于庸俗,当然诸如"我爱你、我特别地想你、我还好,你那里怎么样?注意身体。"这样的话在二人的信件中时常的出现。因为,真正的夫妻是懂得想念是怎么一回事的。

无论怎样,即使艾森豪威尔再忙,玛咪也要经常地给他写信。尽管艾森豪威尔已经身欧洲盟军最高统帅,但是对于爱情的执著和坚守确是艾森豪威尔多年来养成的习惯。而艾森豪威尔的记忆力也是尤为好的。有一次,他就在信件中说道:"明天,就是约翰25岁的生日了,代我祝他生日快乐。长成了一个大男子汉后,要努力成为一名合格的西点军校的一员。"

也许,相爱就是这样,简单到平凡。也许吧,相爱就是这样,肉麻得有些返酸。生活的主体是家庭,家庭的主体是夫妻,夫妻的主体是男女,横亘在男女之间作为维系这一天平的就是人们所谓的爱情。徐徐而来的那一股暖流,都默默地流经了我们的心。让我们在今后自己的人生中,不停地坚守,不停地奋斗!

二战浪漫曲

总统的生活

对于每一个热衷于政治的美国人来说，入住白宫是一件神圣和光荣的事情，每个人都为此而奋斗。对于艾森豪威尔来说也是如此，经过不断的努力，他终于在大选中获取了胜利。

1953 年 1 月 20 日，在这一天，成为了他一生中最为特殊的日子，也是最为荣耀的日子。很多人聚集在典礼的现场，热闹非凡。上午的时候，在亲属与参政成员的陪同下，艾森豪威尔以新任总统的身份在全国长老会教堂做了礼拜。

按照每届的规矩，新任的总统一定要与上任总统会面。自从去年冬天，艾森豪威尔和杜鲁门那次不欢而散以后，他们就一直没有见面。当艾森豪威尔途径白宫门廊的时候，杜鲁门很诚挚的邀请他去里面坐一坐，可是却被艾森豪威尔当场拒绝了。他之所以这么做，是因为他想告诉人们他和杜鲁门不是一路人。可是他们不得不同坐一台车回国会。

车上的气氛显得有些尴尬，两个人一直没有说话，最后还是艾森豪威尔打破了沉默。可是话语中没有丝毫的友好，他说道："1948 年的时候，您知道我为什么没有参加您的就职典礼么？因为我怕一旦我去了，会把你身上的所有目光吸引到我这来。"在此情况下，杜鲁门当然不会再沉默，他对艾森豪威尔说："您请放心，我也不会请您参加的。"

很快他们就来到了国会，穿过大厅，走到国会的东面，这里就是将要举行仪式的地方。此时的现场已经被围得水泄不通了，比美国每一次的就职

典礼人数都要多。今天的天气很好,每个人的脸上也都洋溢着幸福的笑容。当艾森海威尔走进人群的时候,引起了所有人的注目。

过了一会,弗雷德·文森大法官正式宣布了仪式的开始,所有人都肃穆起来,等待着艾森豪威尔的宣誓。他神情坚定,脸上略带微笑,向前跨了两步,把举过了头顶,进行了宣誓。

自从他上任以后,他开始觉得召开新闻发布会是非常重要的,于是他决定在以后的每周都要尽量会见报界,而且允许记者们进入办公大楼来参加招待会。艾森豪威尔认为不能每件事都得依靠他的命令,得集合众人的力量,才能办成大事,才能找到更好的解决难题的方法。于是他在选择自己的内阁成员时考虑了很久,他希望选出来的每个人都很有能力,经得住考验,并且还能创造出巨大的成就。

艾森豪威尔认为国务卿这个职位非常重要,所以他将这个职务作为第一考虑对象。关于谁是最佳人选的问题,他认为约翰·杜勒斯比较合适。约翰·杜勒斯曾经是凡尔赛和平大会中美国代表中的一员, 他还起草过日本和平条约。最重要的是他出生在一个外交世家,他的外祖父和舅父都在当时担任过国务卿。艾森豪威尔觉得他从小就受家庭的渲染,对外交事务再熟悉不过了,一些复杂而难以解决的事情他都可以处理好。

很快,艾森豪威尔就把自己的想法告诉给了杜勒斯,他特别的激动,这位刚上任不久的新总统竟如此信任他,他感觉到很荣幸,他说:"我想我们会组成历史上最成功的领导班子,您在政治上的睿智加上我对世界各国之间复杂关系的了解,我想我们一定会成功。"

这个职位安排好了以后,就轮到了预算局局长这个职位。艾森豪威尔觉得约瑟夫·道奇可以胜任。道奇对这一方面非常精通,曾经还担任过底特律银行的总裁,如果预算局由他来掌控,那就不必担心了。

二战浪漫曲

接下来艾森海威尔还和谢尔曼·亚当斯等人进行了一次会晤，并且决定由布朗内尔、克莱和亚当斯来组成一个新班子，提出一些他们心中的候选人，然后再交上来商讨。

艾森豪威尔任命了洛奇为驻联合国大使，布朗内尔为司法部长。除了这些职位，艾森豪威尔根据他们的提议也定下了其他的内阁成员。例如财政部长、内政部长、商务部长等。

也许艾森豪威尔挑选内阁成员的方式有些特别，可是他目的却很明确。挑选出来的部长们，在各自的领域都做得非常出色，并且他们年龄不相上下，而且还拥有着较为雄厚的经济实力。这也表明，现在垄断集团在艾森豪威尔的政府中占有至关重要的地位。

在艾森豪威尔就任总统以后，他每天要忙的事情特别多，可是他给自己制定了作息时间，每天的生活还算规律。他每天都会很早就起床，吃过早餐，他会看看报纸今天又有什么新闻。然后开始了他一天的工作，如果在工作中遇到比较复杂的问题，他不会轻易作出判断，而是要尽量多听一些别人的不同见解。

在奔波劳累的任期当中，家庭的温暖为他带来了很多的抚慰和帮助。结婚这些年一直生活在一起，只有在艾森豪威尔统领欧洲盟军的时候，两个人分开了一段时间。当艾森豪威尔就任总统以后，她也跟着搬来了白宫，每天看着丈夫为工作那样的劳累，她感到特别的担心，毕竟丈夫已经 60 多岁了。

妻子不但在生活上把艾森豪威尔照顾得很好，而且在事业上也给了他很大帮助。在丈夫会见一些重要人物的公共场合，她总会收起自己害羞的一面，时而主持一些大型的社会活动，时而穿着华丽得体的衣服站在丈夫的身边，和那些上流社会的人们高谈阔论。私下里，她还经常以艾森豪威尔的名义款待他的那些朋友,并替她的丈夫看信、回信。艾森豪威尔为拥有这样的好妻子而感到满足。

艾森豪威尔特别喜欢召开记者招待会,他一点也不怀疑自己的英语水平,很喜欢回答记者们的提问。在他执政的这段时间,美国最艰难的时期,无论是国内与国外都存在着一些棘手的问题等待处理。

他在演讲时说:"我们现在面临的最主要的问题就是怎样让美国体面的从这场战争中撤离。为了实现这一目标,如果需要我做什么我一定做。以后我们也可以避免发生诸如此类的战争,杜绝第三次世界大战发生的一切隐患。"他的演说说中了每一个国民的心声,所以在这次竞选中他也自然取得了胜利。最重要的是,接下来他也按照自己说的做了。

杜鲁门对他的做法很不屑,认为他只是为了蛊惑人民做了一些表面文章。而事实真的被他说中了,在艾森豪威尔就职以后,一切都不一样了,他把自己就职前的演说抛在了脑后,向外扩张的野心正在不断地膨胀着。此后,他参与了很多国家的侵略战争,但是,他的这些举动并没有为国家带来任何的收益,而是使美国处于空前艰难的处境当中。

1953 年 7 月末,终于传来了板门店停战协议签字的消息。这对艾森豪威尔来说是很重要的,他决定用广播来发表一次演说。演说前他的脸上洋溢着轻松愉快的神情,有摄影记者问他:"此时您有什么感想?"所有人都以为他会谈起政治,可是他却缓缓的说到:"战争终于结束了,我盼望我的儿子能从战场上早点回来。"他的脸上写满了一个父亲对儿子的思念。

艾森豪威尔的演说很快就结束了,他表达了自己对战争结束的愉悦心情,同时还表示:"这场战争的结束并不代表着世界上不会再有战争。我们要随时提高警惕,不要停住追寻和平的脚步,同时,要记住多一个朋友总比多一个敌人要好,所以我们要与人为善。"

1955 年的 9 月，艾森豪威尔来到了弗雷塞牧场，准备在这待一段时间。一天夜里，还在睡梦中的他被疼醒了，大滴的汗珠从脸上不断滑落，他用手捂着胸口，像是透不过气来。他不愿把妻子吵醒，自己忍受着疼痛，整个人都蜷缩成了一团。

妻子还是被吵醒了，打开灯，看到丈夫痛苦的模样，立刻睡意全无，连忙问道："怎么了？"艾森豪威尔颤抖着说出了一句话："疼得受不了了。"看到丈夫脸色惨白，还一直喊疼，一定非常的痛苦。妻子收起了自己的慌乱，忙给斯奈德医生打去了电话。过了一会儿，斯奈德医生来了。根据总统疼痛的部位，给他做了一个检查，然后开了一些药，并且还打了一针。艾森豪威尔显得没那样痛苦了，慢慢的睡着了。医生告诉总统夫人："不用担心，没有什么大事，注意一下他的体温，过会再打一针就会好的。"

直到第二天的中午，艾森豪威尔才慢慢地睁开眼睛。很多人听说了总统的病情都纷纷赶来，此时正守在他的床边。当他睁开眼睛看到这么多人的时候，觉得很奇怪，忙问道："我怎么了？你们怎么都在这。"妻子告诉他："斯奈德医生说你得了冠心病，所以昨晚你心口才会疼得厉害。不过你放心，现在已经没有什么事了。"

在医生的安排下，艾森豪威尔又做了一个心电图，检查结果显示他得的是一种普通的心脏病，病情不严重但也不轻。

在得知这一消息后，属下们都问总统要不要把病情告诉给美国人民。艾森豪威尔想了想，决定公布自己的病情。因为他不想和曾经的威尔逊总统一样，当时的他患了中风而不能下床，民众们却不知道总统在忍受着疼痛，还以为他的健康状况良好，这实在是太可悲了。

艾森豪威尔患病以后，在医生的叮嘱下他进行了一段时间的静养，结果病情大有好转。脸色开始红润起来，人也有了精神，就连胃口也是大增。

这段时间也是艾森豪威尔陪伴妻子最长的时间。由于他的病情，很多事情不得不交给别人处理，而自己终于有时间了，可以和妻子散步、聊天、画画……平时他要处理的事情太多，所以无暇顾及家里，他好久都没有感受过如此美好的生活了。这种温馨的家庭生活也加速了他的康复。

约翰是总统的独生子，也是他这一生的骄傲与自豪。作为总统的儿子，公众对约翰的要求自然很高，所以他从小就不能像普通孩子那样拥有自己的梦想，做自己喜欢做的事，他的一生从他出生的时候起就已经被规划好了。他性格很内向，话很少，也不喜欢受别人的瞩目。在父亲的安排下，他现在正在帮忙写回忆录。

艾森豪威尔所写的回忆录有很多，其中在《缔造和平》中，他阐述了很多自己关于"解放"的建议。他觉得应该加强苏联与美国的联系，可以有三条途径。第一，两国可以互办展会，加深双方的了解；第二，在医疗、商业、法律等方面可以增加交往；两国也可以互换留学生，让他们学到更多彼此国家的知识与文化。

在回忆录中，他还提出一定要实行世界范围内的教育政策，同时做好宣传工作。让新闻工作者把我们国家的政策真实公正的表达出去，让全世界都了解我们。

艾森豪威尔总统的回忆录受到了新闻媒体的大加赞扬，《纽约时报》就曾经评价过他的《悠闲的话》这本回忆录。说他把这个时代中最受欢迎、最受尊敬的英雄写得栩栩如生。在当时，人们对这些回忆录都争相购买，所以也创造了很好的销售量。

岁月催人老，艾森豪威尔的身体大不如以前了，也经常时好时坏。在他辞去总统以后，更是越来越严重，心脏病的发作开始频繁起来。他意识到也许自己的日子已经不多了，所以每天会去散散步、钓钓鱼，享受一下美好的生活。

儿子约翰很为父亲的健康担忧，因为他发现父亲明显老了许多。走路的时候开始变得很缓慢，说话的时候也开始絮絮叨叨，就连听力也有了明显的下降。当约翰看到父亲独自散步的背影时，感到非常的伤感，父亲真的老了！

在 1965 年的冬季，一家人围坐在餐桌前吃晚饭的时候，艾森豪威尔的心脏病突然发作了，全家人都很着急，忙把他送到了医院。由于送来及时，经过抢救终于脱离了危险。

经过这次生病，艾森豪威尔更加珍惜生活中的每一天了，因为他明白自己已是垂暮之年，随时都有可能离开这个世界。于是他开始安排他走后的一些事情，他告诉妻子："我最放心不下的就是你了，你要好好的活着。以前我以为我会陪你走完这一生，可是现在上帝已经不允许我那么做了，我走以后，要好好照顾自己。"随后他又给儿子儿媳留下了一份遗嘱。事情的发展让人越来越感伤。他们没有想到就在艾森豪威尔安排一切以后，苦难真的就来临了。心脏病再次袭来，而且这次比以往发作都严重，约翰不得不开始准备丧事。过了几天就是艾森豪威尔的生日，亲属、朋友、同事都来为他庆祝，他显得很高兴，一直向来宾们挥手，感谢他们来为自己祝寿。而当大家看到他时都不禁潸然泪下，因为这位曾经叱咤风云的总统如今已经被病魔折磨得骨瘦如柴、形容枯槁。

他的妻子巴巴拉曾经这样形容过她的丈夫："也许他的时日真的不多了，他脸色灰暗，眼睛瞪得出奇的大，身上仿佛一点肉也没有了，蜷缩在军用单被下，仿佛像是一堆干柴。在他离开这个世界之前，上帝给了他一丝安慰，让他看到了孙子的婚礼，让他感到很高兴也很满足，也许他放心了。"

不久以后，艾森豪威尔因心脏衰竭而去世了。临走前他还一直在叮嘱自己的儿子和儿媳要照顾好他们的妈妈,并且一定要把他的棺椁运回阿比伦。他慢慢的闭上了眼睛,就这样离开了这个世界,亲人们的哭声他已经听不到了,安静的躺在床上,那颗伟大的心脏也永远停止了跳动。

在出殡的那天,有很多人都自发的来为他送行,灵柩必经的那条路两侧站满了人。也许鲜花与哭声已经表达不了他们此时的心情,他们会把艾森豪威尔这个名字永远的记在心里,当然历史也不会将他遗忘。在美国最艰难困苦的年代,他为战争的胜利做出了巨大的贡献,同时在这几年的总统生涯中,美国的政策也与他紧密相连,这一切的一切都会让他这个名字永远停留在世间。当然,在亡者已逝的情况下,当时的人们也不会对他的功过是非妄加评价,他们有的只是对总统逝去的无限悲伤。

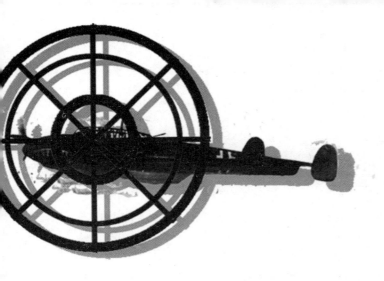

墨索里尼的家事

意大利是最早建立法西斯专政的国家，而墨索里尼正是这个国家的独裁者。墨索里尼喜欢吹牛，除了被后人称之为当世魔王和战争元凶之外，还被人称之为"牛皮大王"。为了满足自己的野心，墨索里尼选择加入了第二次世界大战这场空前的人类浩劫之中，并和德日结盟，组成了罪恶的"轴心国"，从此走上了万劫不复的深渊，最终被游击队抓获并击毙。和墨索里尼一起被暴尸的还有一个人，那就是他的妻子克拉拉·贝塔西，这位淫乱糜烂的罪酋一生拥有多个女人，但是只有这一个在最后都依然陪伴在他身边的人。

吹牛大王出世

多维亚是意大利的一个普通的小山村。1883 年 7 月 29 日，星期日。在烈日的照耀下，多维亚显得格外的平静和安详。然而，对于亚历山德罗·墨索里尼而言，他的内心却与这座城市截然相反，因为他的妻子，罗莎·玛尔托尼正在痛苦的分娩。经过几个小时的等待，一个男婴出生了。

在维也纳的哈布斯堡，有一座皇家城堡，其内有一皇室名为美泉宫，其上有一显著标志为双头鹰，据说，在男婴降生的当天，这一标志被闪电击中，并被掀翻了。一个匈牙利的神学狂热分子预言，这个男孩在日后并将影响着和主导者意大利的未来。当然，像这样的征兆，也不过仅仅是有心人的一种牵强附会罢了。

涅亚平宁山脉的坡落之间，坐落着普雷达皮奥，它是罗马的重要城市，多维亚受其管辖，并连接着唯一一条去往弗利通往托斯卡纳的通道，而墨索里尼夫妇就住在这里。第二天，新诞生的男婴在圣卡西亚诺接受了神父的洗礼，墨索里尼夫妇将男婴起名叫做贝尼托·阿米卡尔·安德烈亚·墨索里尼。

20 世纪 20 年代末，就是这个曾经在教堂里受洗过的人，因为对权势和利益的追求，经过一系列或正当或肮脏的手段铺垫爬上了意大利的最高位置。而对于他的家族他并无兴趣去研究，也不想涂饰或掩盖，他曾声称不屑于此。意大利这个国家已经步入现代化，是否有贵族血统和家族史是否光辉，也不再是成为统治者的先决条件。

二战总统的家事

他的这种说法倒并非是一种纯粹的掩饰借口，贝尼托·墨索里尼的母亲家地位比父亲家要高。母亲罗莎·玛尔托尼生于1858年，她从小受到了较好的教育。成年后，罗莎就去了多维亚村的瓦拉诺小学任教。

罗莎的薪水每月只有50里拉，虽然少了点，但在当时农村姑娘们的眼中已经是高不可攀的收入水平了。学校的条件简陋，教室没有窗户，雨天会漏雨，冬天狂风会把雪花吹进教室。条件非常不好，罗莎到这样偏远的山村任教，赚如此低下的收入，令罗莎的父母感到沮丧和后悔。但是没有办法，他们心爱的女儿在那里认识了做过铁匠的亚历山德罗，并且几乎是一意孤行地嫁给了他。这让他们觉得女儿辱没了他们"知识分子家庭"的身份，虽然罗莎的父亲也并不识字。

转眼到了1892年，在这样环境下长大的墨索里尼到了上学的年纪。尽管有一个身为教师的妈妈，但是幼年的墨索里尼性格仍然顽劣淘气。此时生活在农村里的墨索里尼要走的路无异于村里同一阶层的其他孩子，只是去哪所学校学校读书是一个问题。墨索里尼与其他男孩不同的之处也许就是他的父亲和母亲相反，父亲是无神论者，而母亲是虔诚的信徒。一番争论之后，亚历山德罗顺从了罗莎，准备将墨索里尼送到一所教徒学校里寄宿学习。

不久，学校开学了，墨索里尼依依不舍地离开家。他坐在父亲驶向学校的驴车上不断回头张望。在当时看来寄宿学校的规模已经不小了，有两百多名学生。只是这里的学生年龄差距有点大，年龄最小的和最大的相差足有十几岁之多

对性子活泼好动的墨索里尼来说，在寄宿学校的生涯是段痛苦的时光。他的学校在法恩扎城，有些市民很鄙视乡下人，时常听到一些讽刺乡下人没见过世面的话。甚至学校本身也将学生分了三个等级。乡下人的墨索

里尼正是最低的第三等。最低的等级带来的不仅是羞耻感，还有在上课、就餐、穿衣和住宿安排方面低人一等的待遇。在故乡时，墨索里尼一家因为有知识分子成员而很受人尊敬。可是到了这里年少的墨索里尼却成为不受欢迎的人甚至是被人虐待的目标。寄宿学校的生活对他来说就是煎熬。

在学校里长时间过着压抑生活，墨索里尼终于不堪欺压爆发了自己的愤怒。不满 11 岁的墨索里尼在一次与同学争吵时用匕首刺伤了同学的手。学校里的一名神父认为他的行为是不可宽恕的罪恶，并说他的心是黑色的。加上学校里多数的教师认为墨索里尼没有教养，而且还很粗鲁，经常和同学打架，那么长时间的教化对他一点作用都没有，也没有留下取得必要了。不久，学校开除了墨索里尼。虽说被开除是件不光彩的事，但是对墨索里尼而言这是种解脱。

随着年纪渐大，墨索里尼辗转来到"焦苏埃·卡尔杜齐"国立学校读书。在意大利，焦苏埃·卡尔杜齐是一位著名诗人和爱国主义者，这所学校因此而得名。它位于罗马涅平原知名度不高的福利波波利市。在这里，墨索里尼得到了很好的对待，凭借聪明才智和努力学习居然很快成了一名模范学生，老师们还常夸他是栋梁之才。转学的之前三等学生的阴影如乌云见日般散去。然而这种荣耀也助长了他的脾气，刺伤人的事件时常再次上演，触犯校规的事也常常发生。

墨索里尼是青少年的时候，意大利社会非常不稳定，各种思潮泛滥，不断地冲击着人们旧的思想观念。在这种大环境下墨索里尼自然不会错过。俗话说父母是孩子的第一任老师。墨索里尼的母亲罗莎虽为优秀的教师，但她对政治不感兴趣。也正因为这样墨索里尼少年时期的政治教育责无旁贷的落到父亲亚历山德罗肩上。在父亲的熏陶和教育下墨索里尼渐渐明白父亲的社会主义者朋友所讨论的一些政治问题。他也渐渐领悟到警察局为何要小心防备,政府为何要颁布众多法规,与贫困苦苦挣扎的人和饱受颠沛流离之苦的人对社会和政府的愤恨态度。

1901年墨索里尼得到了自己人生中首个精彩的亮点。那次他代表学校参加纪念意大利传统民族英雄朱塞佩·威尔第的演说活动。因为从小要强好胜,墨索里尼辩论能力很强,即使对手刁难也能对答如流。这场演说使他在人们面前第一次崭露头角,博洛尼亚的《零钱报》报道了纪念威尔第的演说活动。文中写道那名叫贝尼拖·墨索里尼的男孩演说得到了好评和很多掌声。不过这份荣誉并没有为他带来什么明显的好处,在学校里,他仍然只是一个普通的孩子而已。

顽劣的少年

1901 年夏墨索里尼毕业了。虽然他通过了所有考试,但是有些课程只是勉强合格。这对墨索里尼后来的事业不会有影响,因为经济发展和农业生产通常不是独裁者的执政基础。

由于墨索里尼在音乐方面有些天分,所以当时年轻的他很想成为一名音乐家。他还有想过要自己谱出一首曲子。日后他虽然没有成为音乐家,但他对音乐的热情从未减退,甚至是成了他终生的兴趣。如果墨索里尼是一位音乐家,世界就是另一番景象了,意大利少了一个独裁者,希特勒少了一个盟友。可惜历史不能假设。

年轻的墨索里尼头脑聪明、敢想敢干,但多少有些极端。完成学业前夕,他为了生计就开始工作了。接到的第一份工作是母亲罗莎从事的教育事业,在附近的一所学校里教授历史课。墨索里尼的母亲罗莎在这一行业里算是很有影响力,她的小儿子阿纳尔多也曾从事过教师职业。在当时人们都很尊重教师。对墨索里尼来说或许这是一个可以接受的、有前途的工作。

尽管工作本身很受人尊敬,但是这对于当时正处于愤青期的墨索里尼来说,理想依然是自己的终极目标。除了音乐家之外,从政正是墨索里尼的另一个理想,他也为此进行了积极地业余尝试。然而,或许是因为太年轻和缺乏此类活动的经历,他首次踏上从政之路便遭遇挫折,只好无奈地继续争取成为正式教师。不过事情远没有那么顺利,由于墨索里尼太过年轻,思想不够保守也不够传统,不太符合那个时代一个小学教员的条件。他以为

二战总统的家事

自己还可以像学生时代一样对学校纪律置若罔闻,在教书之余发表了很多带有激进色彩的政治宣传,这引起了当地学生家长的强烈不满。4个月后,墨索里尼因作风问题被学校开除了。

其实,墨索里尼早就不想当老师了,波河河谷这个小地方放不下他了,想到外面闯荡一番。此后墨索里尼申请出国,由于此时他的母亲继承一笔丰厚的遗产,所以这时墨索里尼家境很好。父亲也成为了镇议会的议员,所以他顺利地拿到了护照。

几天后,墨索里尼向瑞士边界出发了。疼爱他的母亲罗莎给了他一个月的工资当路费。但就在他来到边境候车的时候,在一份报纸上却看到了父亲被捕的噩耗。虽然那次社会党的暴动并没有和父亲有直接的关系。墨索里尼一度觉得内心迷茫进退两难。但是这场家庭危机最终没有停止他离开意大利的脚步。他离开意大利开始了颠沛流离的生活。

事业与妻子

墨索里尼的出国并非特例,当时的意大利曾兴起出国潮,每天都会有很多意大利人出国。意大利的移民们出国和返乡很频繁。墨索里尼也不例外。那个时候的意大利人国籍的观念不强,归属感就无从谈起了,似乎意大利与他们没多大关系。长达千年的分裂以及各种势力雄踞一方,使意大利完成统一到此时为止只有短短的二三十年。就在意大利人纷纷走出国门的时期,政府推动了"国民化"进程。在他出国之后,经历了一些列波折,在1904年的4月上了罗马的一家报纸。当时自由派报纸《论坛报》对墨索里尼进行了报道。由于墨索里尼与瑞士警察之间发生了一些矛盾,这篇文中把墨索里尼描述为当地社会主义组织的主要领导人。正是由于这种情况让瑞士警察局对他下了第二次驱逐令,他不得不潜藏了起来。

在瑞士流浪的期间,他的社会主义思想不减反增,但出于某些原因,他不太喜欢与瑞士本地的人为伍。在回家探望生病的母亲后,他带着弟弟阿纳尔多返回瑞士。这一次次墨索里尼来到瑞士是想在"社会主义者"中树立地位。安杰利卡·巴拉巴诺夫当时是墨索里尼的同事,他们曾在一起工作。后来巴拉巴诺夫带着些许敌意评价墨索里尼,认为他是一个理想主义的自大狂。

这种生活实际上没有持续多久,因为后来意大利全国宣布大赦,不再担心受到父亲牵连的墨索里尼才又回国参加了军队。他被编入维罗纳的伯萨利尼联队,是一只号称纪律严明的精锐部队。这支部队在着装上与其他部队不同,士兵们的帽子上饰有绿色的羽毛。喜欢独特着装的墨索里尼对此很满意。

墨索里尼在部队生活了一段时间后,渐渐适应了军旅生活。就在墨索里尼打算在军队中大展拳脚之时,家里突然传来母亲病危的噩耗。伯萨利尼联队的长官是个通情达理的人,他知道这个消息后立刻给墨索里尼长达两个月的假期,让他回家探望垂危的母亲。墨索里尼便火速往家赶。据说,墨索里尼到家后,罗莎虽然已经不能说话了,但她还是认出了心爱的大儿子。深受脑膜炎折磨的她在见到牵挂已久的孩子之后不到一周就去世了。

母亲去世令墨索里尼悲痛万分,有时甚至精神恍惚。他悲痛地说,母亲是他最爱的人,她曾经离他那么近,如今又舍他远去了。母亲去世也给他的弟弟阿纳尔多打击很大,他独自离开了家来到威尼托地区。然而,此时最痛苦的莫过于两个年轻人的父亲亚历山德罗。失去爱妻的他一度少言寡语、意志消沉。经过了一番考虑后,他决定退出了政坛。然后远离居住的地方,在一个乡下开了一间小旅馆。

在家处理完了母亲的丧事之后,墨索里尼回到了军队当中。在当时应征入伍是意大利男人的不错谋生手段。意大利陆军也被称为"国立学校",那是一个能够体现和增加男性社会地位和身份的地方。墨索里尼在部队里可能是由于母亲过世带来的打击太大,极端激进主义有些收敛,干得中规中矩,没有留下什么特殊的记录。

时间过的很快,转眼到了1906年9月,墨索里尼告别了两年的军旅生涯。不知什么原因,他没有出国,而是选择再当教师。他为了得到任教资格在博洛尼大学进修,可惜那里没有教授学生怎样像一个普通人那样为人处世。不久,家里忽然有喜事传来:他的妹妹埃德维杰出嫁了。他的妹夫是家乡附近的一个小店主,算是个有产阶级。加上父亲经营旅店,家境渐渐变好了起来,而墨索里尼也得到了任教的资格,好的生活开始向他招手。这一次,墨索里尼的教师生涯比过去成功许多，当他此去教师的这份工作时，还受到了公众为他举办送别宴的礼遇。不过他的作风问题和激进的社会主义观念依然如故。

因为少年时代的经历，墨索里尼对将人分为三六九等的教权观念的仇恨丝毫没有减退的迹象，他继续着攻击教权的演讲。他的演讲让当地的媒体注意到他。一天墨索里尼上了乌迪内当地的报纸，可是报道中弄错了他的名字，描述他是位"充满热情的革命者教师博索里尼"。

不久之后，墨索里尼来到奥内利亚当教师了。他任教的学校是一所私人的天主教学校。在那里他结识了塞拉蒂兄弟。因为政治上兴味相投，卢乔·塞拉蒂为他提供了一个在政治上崭露头角的机会。他开始为一家有政治背景的刊物撰写稿件，有趣的是，墨索里尼很认真地为知识分子进行辩护和赞扬。声称对于社会主义来说，真正麻烦的人是那些宣称自己为社会主义分子但是却又不知道那是何物的家伙。在这一期间他变得越来越理想主义化，政治思维也渐渐向行动派发生转变。他渐渐觉得当教师越来越无趣，而且当地教师的工作合同很短命。他发觉从事政治活动更吸引他。野心勃勃的墨索里尼想在报纸行业有所成就，他不甘心只为别人的报刊撑场面，开始打算与别人合伙办一份报纸。但是他带有尖锐政治立场的写作方向显然不对被申请者的口味，单独办报的申请被回绝。心高气傲的墨索里尼索性彻底辞职不干回到家乡去了，他不要空谈，而是开始要让想法变为现实。回到家乡后失业意味着就业的开始。正当人们被他的独特观点吸引而开始关注他的时候，他再次出国了。1909 年新年伊始，他来到了特伦托，特伦托原本是意大利领土，但是被奥地利长期侵占。墨索里尼先是在《特伦托新闻报》任职，后来在《人民报》做助理。在这一时期的文章中，他对军国主义还进行了批判，这倒是符合他"社会主义者"的身份。后来，在塞拉蒂和巴拉巴诺夫的推荐之下他成为了特伦托地区的书记，他还负责管理社会党在此地的报纸。1月下旬,《劳动者的未来》向读者正式介绍了这位新的同仁墨索里尼。

特伦托这座城市曾经进行过反宗教改革,因此他对于墨索里尼有着极其特殊的意义,是意大利的其他城市都无法比拟的。特伦托的图书馆也一度是墨索里尼汲取营养的地方。不过即便有着这样的特殊经历,特伦托给墨索里尼的印象也没好到哪去,这或许和他演讲的地点有关。他在特伦特后来从事工作的要求不高,但是要经常发表演说。他把酒戒了,他不喜欢啤酒馆,但是他的演说经常会在那里进行。那个时期墨索里尼生活拮据,不喜欢参加娱乐宴会。他除了去一些特定场所发表公众演说之外,就去人少的地方散步。后来,他为了排解心中的忧愁,常去剧院,这让他对弦琴产生了浓厚的兴趣。

在当时,墨索里尼最敬佩两个人,一个是马克思,另一个是查尔斯·达尔文。墨索里尼曾在报纸上发表过一些对"社会主义者"的看法。他认为,"社会主义者"对自己的语言、文化和传统不应轻言放弃。不要的只是一个"资产阶级的"祖国。由此可以看出墨索里尼更趋向于一个民族社会主义者。

在特伦托墨索里尼参加了许多场辩论,当然他也搅乱了特伦托的平静。特伦托的警察容不下墨索里尼了,所以他在那里只生活了8个月就离开了。1909年秋,奥匈帝国皇帝弗朗茨·约瑟夫要到因斯布鲁克视察。虽然离特伦托还有一段距离,但是当地警方十分紧张。警方为确保治安,将墨索里尼的名字写在驱逐名单上。

当时特伦托发生了一起盗窃案件,警察怀疑墨索里尼是失窃案的元凶。虽然缺乏指控墨索里尼偷窃的证据,但是警察还是把他扔进了监狱。对墨索里尼来说入狱已经不是什么新鲜事了,可这一次入狱是警方的蓄意栽赃。不仅搜查了墨索里尼的住所,还带走了他的文章。

之后,墨索里尼出庭受审,法官还算公正,当庭宣布他被无罪释放。警察们枉费心思,恼羞成怒对墨索里尼实行严密监督。墨索里尼绝食抗议,可抗议无效。两天之后警察们把他送出了边境。墨索里尼无奈之下,回到了父亲在弗利的小旅馆。

其实,墨索里尼在被驱逐出特伦托之前就有离开的打算。这片地方虽然奋斗良久,但是令他难以产生归属感的同时也不能满足他建立成就的需求。因此,他十分向往米兰、佛罗伦萨和罗马这样的大城市,但他最想去的地方是巴黎。不过这些愿望对于已经失业的墨索里尼来说只能是奢望了。

墨索里尼回到了家乡,风流的他顺便改善了他与拉凯莱·圭迪的关系,他们同居了。1910年秋未满20岁的拉凯莱为墨索里尼生下了第一个孩子埃达。不久后,墨索里尼和拉凯莱结婚了。

有人说墨索里尼有几百个情妇,有些太夸张了。墨索里尼和拉凯莱育有5个孩子,他们的婚姻可以说是非常稳定的。当年拉凯莱的家与贫农无异,可墨索里尼不是一个嫌贫爱富的人。墨索里尼一心要干出一番大事业,可他没有舍弃贫寒出身的结发妻子而去攀高枝。虽然这种方式意味着他可以比别人少付出奋斗,在财富、社会地位和社会关系方面获得优势。但这并不是当时的他想要的。由此可见曾经的墨索里尼与数百万的同龄人的生活没什么差别,有着正常的家庭生活,深爱着妻子,把她看作是自己与"真实世界"和"人民"的联系。

在1910年严寒料峭的元月,墨索里尼有了一番新气象,他找到了一份新工作,告别了失业生涯。如果他凭借自身才干和进取心,多年后可能成为弗利的一个知名人士,或许能当上议员。就像他自己说的,从福林波波利离去是有好处的,不仅学到了很多文化知识,还获得了世界范围内的知识,连语言也学了更多种了。墨索里尼很注重《阶级斗争报》这份报纸。他在工作时的态度非常认真。

墨索里尼没能成为当地的知名人士。他是个脾气暴躁还很不安分的人，或许弗利这个小地方不能满足他，他需要更大的舞台来展现自己。这时的他十分爱表现自己，开始攻击共和党，也对社会党内的保守派进行声讨。

19 世纪末 20 世纪初，正是疯狂的抢夺殖民地的时候，原本默默无闻的北非成为了众人瞩目的地区。衰落的奥斯曼土耳其帝国已经很难保住自己广阔的领地，尤其是远方的领地。20 世纪初意大利向土耳其发动了侵略战争，这场战争也被称作为利比亚战争。

9 月 29 日，意大利向土耳其宣布声明，两国正式进入战争状态。意大利的海军舰队用大炮向利比亚主要城市的黎波里等地问候。利比亚战争正式爆发。土耳其在黎波里和昔兰尼加的驻军只有几千人，而意大利军队则有几万人。

战争还在继续，10 月初，意登陆部队袭击并占领了黎波里和托卜鲁克。10 月中旬，有着 3 万多人规模的意大利军队开进黎波里，接着在多地登陆并击败守军。10 月利比亚许多重要的海边城市都沦陷了。第二年，意大利对土耳其展开了大规模的进攻。这次意大利动用了更多的军队，派出士兵几万人，调用数架飞机和数艘飞艇。战后，意土两国政府签订的《洛桑条约》共有四个条款，条约中的后三条是秘密条款。该条约加强了意大利对黎波里地区的统治。

意大利为了巩固和加强社会基础和参加殖民势力范围的瓜分争斗，时任总理饶里蒂调整了对内政策方针。他给予了工人阶层一定的社会活动权力，对工人合作社提供了一些优待，实行了一些社会保险的措施。饶里蒂打算以此换取社会党和总工会里部分领袖的合作。战争期间，墨索里尼由于才思出众表现突出，被推举为《前进报》的总编辑。自此他掌握了舆论大权。

战争与情人

墨索里尼自 1922 年手握大权之后，凭借他特有的号召方式在意大利获得了广泛的支持和崇拜。在墨索里尼的众多支持者中女性不在少数，许多人对他的崇拜已经达到疯狂的程度。年轻的贝塔西是他的支持者并给他写了一封信。多年后，克拉拉与偶像墨索里尼结识，最终发展成一种长期且特殊的关系，并伴随这位法西斯领袖走完人生最后的旅程。

时光荏苒，随着战火在全世界的燃烧，作为法西斯轴心国的意大利在墨索里尼领导下，于第二次世界大战的第五年走到了崩溃的边缘。那时盟军和意大利本土只有一水之隔了。盟军正在计划突破被意大利称为坚不可摧的那道古斯塔夫防线。

世事难料只因命运开了个玩笑。1944 年初德军在意大利南部战败后就退守在这道防线。希特勒和墨索里尼对这道防线寄予厚望，希望它遏制盟军前进的脚步，保障欧洲南翼战场的安全。

那时镇守意大利北部的是凯瑟琳元帅指挥的第三集团军群。来应付西线盟军作战。在意大利南部的盟军经过之前的休养生息，现在正厉兵秣马扑奔而来。

盟军统帅部的人反复商议后认为，在安齐奥登陆成功后就可以强取罗马，这些对于加速盟军在意大利的胜利具有重要的意义。

1 月中旬左右，美国第 5 集团军已经做好的战斗准备，开始进攻卡西诺地区的德军。然而他们没能突破德军的防御。直到第二天凌晨他们才开始

登陆,并占领了安齐奥港。

　　登陆部队没有乘胜追击,让德军得到了一个喘息的机会。德军趁机调来了部队,加强了防务。虽然后来登陆部队的兵力增加到 4 个师,但是德军的兵力增加到了 6 个师。德军占军了有力的地势发起了反击。

　　由于西线的盟军准备在诺曼底登陆,这使得在意大利的英军和美军需加强攻势,牵制更多的德军。盟军为了守住安齐奥港派遣空军协助。

　　1944 年 4 月,希特勒和墨索里尼见面进行一次会议。这次会谈的气氛与以往不同,是在德国人的轻视之下进行的。或许是意大利法西斯的不佳表现及实际上处于傀儡地位给了德国人傲慢的理由。

　　墨索里尼向希特勒提出了自己的战略意见。他告诉希特勒轴心国真正的敌人是那群盎格鲁·撒克逊人。德国与苏联议和,归还其领土,就把整个战场转移到西方了。不过事实上,1944 年的时候,德国在东方战场上正打着一场真正的决定性战役。那场战役整个二战中最为重要的一场战役。德国的纳粹高层绝不会为了意大利人的民族利益脱离那场至关重要的战役。

　　墨索里尼回到意大利之后,自我感觉良好,认为在德国的帮助下,意大利一定能够摆脱现在的局面,让自己重新回到罗马。但是不久后,战况的发展沉重的打击了墨索里尼的乐观主义情绪就受到了沉重的打击。

　　在两天一夜的猛烈战斗之后,法军占领了马约山,不久攻克了圣安布罗吉奥和圣阿波利纳勒。至此,加里利亚诺河西岸敌军的影子已经看不到任何踪迹了。5 月下旬的时候,德军全线败退。

　　盟军前线总指挥亚历山大将军把这个喜讯和战况告诉了丘吉尔,并用华丽的语言赞扬了他的军队的出色表现。时隔不久,美国第 36 师历经半个月的激烈战斗后,终在 5 月末的夜晚发动了一次出色的袭击,突破了罗马南面德军的最后一道防线。

罗马城的陷落使墨索里尼很沮丧,他一直认为罗马是意大利的象征和精神核心,罗马城的陷落,也就意味着罗马人民已经不再需要他这个统治者了。

同时,苏军的攻势同样凶猛,到了5月底,纳粹德军已经徘徊在生死的边缘。当苏军再次发动猛烈进攻的时候,希特勒的军队只能被动挨打,没有招架的余地。他已经黔驴技穷了,等待他的只有灭亡。

战局变得越来越明了了。波兰军队沿着亚得里亚海岸步步紧逼,很快占领了安科纳。法西斯已经走到了生命的尽头,面对失败的形势,墨索里尼很失望。他知道他很快就会被送上断头台,在有限的时间内,他要和情妇贝塔西好好相处,弥补对贝塔西的愧疚。

得知墨索里尼意志消沉,整天沉迷于酒色之中,希特勒很生气,为了给墨索里尼打气,希特勒决定让墨索里尼到腊斯登堡大本营会面。1944年7月20日的下午,阳光明媚,此刻心里郁闷不已的希特勒和墨索里尼见面了。他们还在欺骗自己和自己的军队,希特勒还梦想着能统治世界,他不到最后一刻,他不会死心的。

墨索里尼曾被盟军活捉,后来被希特勒手下人马解救出来,但是他没有醒悟,继续实行法西斯的政策。希特勒在战场上处于劣势,他要拉拢墨索里尼,所以对墨索里尼还是很尊重的,希特勒很热情的接待着他。他们又临时找了一个安静的地方,共同商讨他们"伟大"的事业,他们的共同目标就是不惜任何代价都要取得胜利。

然而,事情的发展让他们大失所望。尽管希特勒和墨索里尼心里都清楚这是他们的生死关头,命令德意军队誓死抵抗。但此时盟军在意大利本土已经发起强大进攻。他们经过一星期的战斗,在空军的协助下突破了德军的防守,继续向北进攻。

阿尔靳塔纳在很短的时间内就成了盟军的囊中之物。英军第6装甲师向费拉拉进攻，4月中旬就占领了波伦亚。波兰军队把德国第一伞兵师全部消灭。而盟军在意大利战场胜利进军的同时，海上作战进展也十分顺利，墨索里尼的海军几乎全军覆没。但就在这时，一个不幸的消息传来，4月12日，美国总统罗斯福逝世了。

罗斯福逝世震动了全世界。在美国白宫外聚集了成千上万奔丧人，远远望去黑压压一片。

日本法西斯认为罗斯福的死对他们非常有利。希特勒此时心花怒放，沉重呆滞的表情瞬间转变为笑逐颜开。而当罗斯福逝世的消息传到了墨索里尼的耳朵里之后，他简直欣喜若狂，不知道该怎么表达才好，竟然抱着他的情妇贝塔西，在地上不停地转着圈圈。可是，很快他们就高兴不起来了。此时德国西线部队已经彻底崩溃。纳粹军队在苏军和美英军队强大的攻势面前逐渐瓦解。仅在4月份的上半月就俘获了上百万德军。从现在的战争形势，攻破柏林指日可待了。

现在只有希特勒及其铁杆党羽还在垂死挣扎。放眼意大利的战局，全部投降是迫在眉睫且势在必行的。眼见情况不妙，墨索里尼决定要逃走，可是他也不知道要逃到哪里去。想了很多个办法之后，没有确定目标的墨索里尼觉得不能再等了，他只想早离开为妙。在4月26日这天，墨索里尼开始了亡命天涯的生活。

世事难料只因命运开了个玩笑。墨索里尼逃跑只是在白费功夫，他终究还是被游击队抓到了。游击队员把墨索里尼和连同他情妇克拉拉在内15名死党枪决。4月29日，有人把他们的尸体运到了米兰的一座广场加油站里，倒挂在房梁上示众。他的野心和贪婪到此终于付出了最后的代价，在克拉拉·贝塔西的陪伴下，一同走向了地狱。

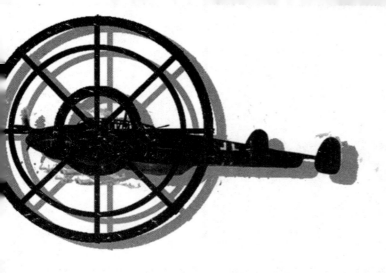

希特勒的家事

德意志第三帝国的缔造者、独断专行的大独裁者、法西斯主义的集大成者、第二次世界大战的始作俑者之一——阿道夫·希特勒的一生给人类带来了无数的灾难,在战争失败之时他为了逃避人民的审判畏罪自杀,一个疯狂的魔王就这样结束了他罪恶的一生。然而他的生前身后留下了无数的谜团,而关于他的家庭与爱情,无疑是其中最令人感兴趣的话题之一。对斯蒂芬妮的单恋之苦,对前女友汉娜·霍克斯的痴恋之痛,对外甥女葛丽的虐恋之觞,对爱娃·布劳恩的挚爱之悲,希特勒的情感生活真可谓是一言难尽。

魔王的身世

希特勒,在世界历史上曾经是叱咤风云的人物,他一手建立了纳粹党,并用谎言欺骗了德国民众,成为了德国的独裁者。他为了自己的"奋斗"目标,不惜发动第二次世界大战,致使生灵涂炭,尸横遍野,很多人甘愿为他断送自己的生命。最终他没有逃脱命运的惩罚,作恶多端的希特勒害怕面对世界人民的公审,他与情妇爱娃一起葬身火海,结束了羞耻的一生。希特勒的一生充满了传奇色彩,从一个一名不文的乞丐摇身一变成为了纳粹德国的元首。让我们揭开历史的神秘面纱,探寻希特勒罪恶的一生。

19 世纪的奥地利是德意志联邦中最大的公国之一。在这里诞生了一位可以撼动世界的风云人物——阿道夫·希特勒。

阿道夫·希特勒出生在一个贫苦人家,他的祖父名叫约翰·格奥尔格·希特勒,他没有固定的职业,以打短工维持生计。1824 年,阿道夫·希特勒的祖父与当地一个贫穷的姑娘喜结良缘,然而遗憾的是,两人生下的孩子因为早产而先天不足,很快就夭折了,妻子伤心不已,没过多久也撒手人寰。在那之后,老约翰·希特勒又娶了一个名叫玛丽亚·安娜的女人。并与他人育有一个私生子,直到安娜去世后 30 年,老约翰才与这个儿子相认,这个名叫阿洛伊斯的孩子,就是希特勒的父亲。

阿洛伊斯被叔父养大。少年时代最初曾在村子里学做鞋匠;但他不喜欢这份工作,整天无所事事,四处游荡,不久他来到了维亚纳寻找前途。在他 18 岁时,他在奥地利海关找到一份工作,后来升职成为了海关的办公人员。

阿洛伊斯本人的婚姻历程也十分坎坷，阿道夫·希特勒是他所有的 7 个孩子中的一个。在儿童时代，伴随他成长最常见的家庭事务就是搬家。到 12 岁为止他已经在多个地方生活过了，小希特勒的父亲为了要使儿子子承父业，从小就教育他公务员这个职业的好处。但是这一切努力的结果适得其反。他说，"一想到坐在一间办公室里，没有人生自由，自己的一生将被无数要填的表格所束缚的时候，他的心就像被掏空了一样。"

父亲的眼光并不高，他只希望儿子未来能吃上一口无忧无虑的饭就很满足了。因此当他得知希特勒想做艺术家之后吃了一惊，并坚决反对。小希特勒开始消极抵抗，不喜欢的课程干脆就背书包溜出课堂。在林茨的中学里就坏得异乎寻常，最后终因数学和自然考试不及格而留级。他这种异乎寻常的野心转化成的"意志"使此后的德国和欧洲都烙上了一个深深的印记。

1903 年初，希特勒的家里发生了变故。1 月的一天，希特勒的父亲在散步的过程中因肺出血溘然去世，享年 65 岁。阿洛伊斯的去世，让孩子们的母亲极其伤心，她当时刚四十出头，住在一所简单而又破旧的公寓里。但是她非常坚强，知道生活的重任以后就要落在了自己的肩上，她开始凭借着自己的努力用微薄的养老金和薪水抚养孩子们。根据丈夫的遗嘱，母亲劝说希特勒继承阿洛伊斯的志向成为一名公务员。但是希特勒并不想从事这个行业。

体弱多病的母亲辛勤维持着家庭生活，希特勒却无视母亲的无助，没有帮助母亲赚钱补贴家用，就连希特勒自己的生活他都不能解决。据儿时的伙伴后来回忆，希特勒身体单薄、面容苍白、整天无所事事的样子，对其他的人漠不关心，包括他的母亲，他平时很少说话，也很害羞。他容不得别人和他有不同的意见，对于有不同意见的人，有时他会突然发出神经质的怒吼。

性格执拗的希特勒在 16 岁那一年兴趣忽然发生了转变,艺术已经不能吸引他的全部注意力,政治开始走入他的视线当中了。他不喜欢学校,却喜欢大批大批地借阅图书。他的小学同学回忆说,除了波伊契博课能吸引希特勒外,他对其他的课程根本没有兴趣。尽管在母亲的疼爱之下希特勒过着长时间衣食无忧的生活,但是个性孤僻的他其实有很多烦恼的事情。据希特勒少年时的密友讲述:"他对待人情世故,总是充满敌意,他总是感觉有人和他作对,世界上的一切都在和他闹别扭,他对每件事情都看不开。"

成年后的他开始向往大城市的繁华,他很想去金碧辉煌的巴罗克式的首都维也纳。于是,他开始试着说服母亲,对孩子千依百顺的母亲再次满足了他,设法为他筹了一笔钱供他来到维也纳。但是希特勒却没有他父亲那样的好运。第一次到维也纳的希特勒对大城市里繁华富丽的一切都充满了好奇和欣羡,城市里浓郁的艺术和人文气息也让他产生了很深的亲切感。他决定要劝说母亲让他在维也纳求学,实现他的艺术家的梦想

在母亲的支持下,他报考了一所艺术院校,顺利地通过了第一次考试,但是第二次考试却榜上无名。第二年,他再次报考了维也纳的艺术学院,但这次的表现更加糟糕,考官甚至在第一轮考试没有仔细看他的作品就将之丢到了一边,这对于自负艺术梦想又心高气傲的希特勒来说不啻是一种羞辱。

这种事情连续发生了数次之后,希特勒的艺术梦想几乎被彻底打垮了。在母亲和姐姐的资助下过了三年之久,而他在大城市里呆了这么久却一点成绩都没有。10 月底,一个噩耗出来,一直以来为家事奔忙的母亲患上了乳腺癌,发现时已经很严重了,于是他急急忙忙返回了林茨。当圣诞节即

将来临，人们都在为挑选圣诞礼物而忙碌时，希特勒的母亲离开了人世。数天之后，她被葬在了丈夫的墓边。

对于生活在"温室里"的希特勒来说，这个事实如晴天霹雳。一直以来被母亲溺爱长大的他已经失去了最温暖和善良的庇护。此时的希特勒没有才华，也没有生活技能，他又不想通过出卖体力来赚钱。

雪上加霜的是亲戚们都在劝他放弃艺术之路，这让原本就因为母亲去世而感到悲痛和难过的希特勒十分痛苦，他对好友奥古斯特·库比席克说，所有亲戚都想要扼杀他的梦想和愿望。为此他背井离乡再次前往维也纳。临走前，他在母亲的墓前发誓，要向他的鼠目寸光的亲戚们证实，他是有这样的才能的，他还立誓，不取得成绩绝不回乡。

魔王恋爱史

初恋,对每一个人来说都是美好的,无论对于什么人来说,初恋都象征着对异性最初的美的判断和倾慕。然而对希特勒而言初恋却是一场梦魇。转眼之间希特勒在那个混杂着暴力和溺爱的家庭之中生活了 16 年,青春萌动的他也开始注意身边的女孩子,一个女孩子走进了希特勒的视野,她就是斯蒂芬妮——希特勒的初恋。

然而这一段恋情却很不成熟,因为它一直都处于萌芽状态,也就是说一直都是希特勒一厢情愿的,他对斯蒂芬妮所产生的情愫一直都不为斯蒂芬妮所知的。希特勒每每遇到斯蒂芬妮都会用眼神偷偷地看着她。在希特勒的眼中斯蒂芬妮是那么的完美无缺,那么的楚楚动人,她的美简直无法形容,她美得就像一首抒情诗,她的全身充满了少女的纯情,她的一颦一笑都洋溢着青春的风采。斯蒂芬妮给希特勒留下的印象最深的是那双犹如多瑙河一样湛蓝湛蓝的眼睛,还有那长长的、黑黑的睫毛,每当那双眼睛一眨一眨的时候,他就幻想着斯蒂芬妮也在关注着他,也许是在探询,在关切,在是问候。虽然希特勒是那样的爱着斯蒂芬妮,但是他却没有勇气向斯蒂芬妮表白,甚至连接近和交往的想法也不敢去付诸行动。希特勒把对斯蒂芬妮的爱藏在了心底,直到生命的最后一刻,他也仍然认为斯蒂芬妮是他的初恋情人。

希特勒就在单恋的"幸福"中沉浸了一年,他已经爱得不能自拔了,在他 17 岁生日的那天,他的这场春梦却随着斯蒂芬妮的突然失踪而宣告结

束,从那天以后斯蒂芬妮却再也没有出现在他的视野里,他每天早晨都在斯蒂芬妮经常散步的地方等她,一天她没有来,两天她还是没来,就这样希特勒失恋了,他的初恋就这样在无声无息中开始,又在无声无息中结束。希特勒痛苦万分,难以名状。

在母亲病逝之后,希特勒怀着失去母爱和自己暗恋姑娘的惆怅离开了家乡,此次,他是和库比席克结伴同行的。库比席克的父母本不同意儿子去维也纳,但是希特勒却成功说服了他们,让库比席克放下家中的活计和他一起去维也纳学音乐。他的卓越口才已初见功力。

当1913年春天来临的时候,希特勒觉得这里并不适合他的发展,于是带着对既往的悲观失望和对未来的憧憬离开维也纳来到了德国。他说,他的心一直是向着德国的。但是德国却并未在这个时候给予他想要的东西,希特勒背着一个装着全部财产的破口袋只身来到慕尼黑,到了这里之后,他在相当长的时间内都呆在一所单身公寓里面,工作和感情都没有着落,生活日渐拮据。就在这穷困潦倒的时刻,爱神却再一次降临了,希特勒经常坐在公园里的凉亭长椅之上,正值盛夏的公园之中既无凄风冷雨的摧残,又无闷热潮湿的折磨,而且每天早上醒来又有鸟语花香为伴,倒也是优哉游哉。汉娜·霍克斯的出现使希特勒再一次对生活燃起了希望之火。

当时希特勒见到汉娜每天早晨都在公园的小树林中喂小鸟,汉娜的衣着简朴,却依旧每天买来鸟粮来喂小鸟,认为她是一个非常有爱心、而且非常善良的女人,不会像斯蒂芬妮那样"绝情",不辞而别。于是就寻找机会与她交流,汉娜对他一见钟情。两个人很快就坠入了爱河。

但是当时的希特勒一贫如洗,身无分文的他只是以卖画为生,他的基本生活都没有保障,而汉娜也不过是一个非常普通的工人,薪水少得可怜,也仅仅够自己过活而已,很难再给希特勒以帮助,有时两人会为生计而犯愁,但是,出于对希特勒的爱和他的健康考虑,汉娜说服了希特勒,让他搬进了另一间公寓之中两个人一同居住。

然而好景不长。半年以后,汉娜受到了一位工厂老板的追求,在百般说服和金钱的诱惑之下,她不声不响的离希特勒远去了,他又一次失恋了。悲痛欲绝的希特勒把自己关进了房间,很久都没有出门。直到 1914 年初,德国为了发动战争,开始大规模的扩军,才改变了他的命运。

一天一位警察敲响了他的房门,此时的希特勒已经瘦得只剩下了皮包骨了,头发凌乱不堪,然后他被带到了军营服役。很快,一战爆发了,希特勒被分在巴伐利亚军队服役,担任一名传令兵。不幸的是,在一次战役中,他被毒气伤了眼睛,那是在 1916 年于法国境内征战时。因为战场医疗资源有限,为了更好地治疗,部队把他送回了德国。

然而让他意想不到的是会再一次邂逅汉娜,此时的汉娜早已今非昔比,那个工厂的老板玩弄了汉娜的感情,在得到汉娜的贞操之后就一脚把她踢开,还把她卖到了妓院,从妓院逃出来的汉娜求生无门,然而为了活下去,她只能靠卖淫为生,不过是少了妓院的盘剥罢了。

一天,正在当初与希特勒相识的公园中招揽生意的汉娜正想向一个身穿军装的下士献媚。她知道在战争年代,士兵们是很富有的,而且他们身边少有女人,这样的生意好做又赚钱。但是当那位下士走近的时候,汉娜才发现他就是希特勒,她当时就面无血色,于是转身想走。"汉娜!"希特勒也认出了她。没有办法,汉娜只好停下脚步,希特勒走上前去,握住了汉娜的手,眼神里充满了关爱,"汉娜,你还好吗? 这几年你在哪里? "希特勒急切的问道。看着他那关爱的眼神汉娜再也控制不住自己的泪水,向希特勒哭诉了一切。"可恶,那个混蛋,我一定要让他好看。"希特勒愤愤地说。出于同情和感情,他与汉娜重归于好。

但是在当时,特殊身份的人、尤其是士兵们与妓女的交往在人们眼中看起来是非常有损名誉的事情,会被周围的人看不起的,所以不久之后,汉娜与希特勒的恋情都受到鄙夷,几经磨难的汉娜终于顶不住世俗压力,永远的抛弃了希特勒——在他们相识的公园里沉湖自杀了。伤病中的希特勒痛哭不已,他更加仇恨这个世界,仇恨这个社会。不久,希特勒伤愈离院,又重新回到了西线战场。

1918 年 11 月,同盟国在一战当中迎来了战败的结局。德军的实际领导者鲁登道夫将军和元帅都不得不接受停火的建议。战败的德国在战后被迫接受了一些屈辱性的条款。这让身为军人的希特勒内心感到非常的痛苦,一方面是德国的战败对希特勒是一个打击,另一方面是希特勒每个夜晚都受着思念的煎熬,在感情上异常执着而顽固的的他对于汉娜的遭遇此时仍然念念不忘。

于是,回国以后的希特勒逐渐认为要拯救他心中伟大的德国,唯有投身政治。在一个偶然的机会下,他接触到了有着民族主义思想的德国工人党,这成为了他日后建立起自己的政治势力的一个契机。在加入这个团体之后,他开始到处宣传他的思想,并付诸实践,他领导并改造了德国工人党,策划了一系列的游行、暴动。还因此锒铛入狱,在狱中他写下了自传《我的奋斗》,这本书后来成为他思想的宣传工具。而希特勒也逐渐在政治上获得了较大的成功。

到了 1928 年,身为纳粹党魁的希特勒在政治上可以说是一帆风顺,仕途坦荡。便在此时,爱神之箭再一次射中了他,就在这年,安吉拉·希特勒携刚满 20 岁的女儿葛丽,一起来到柏林看望已经飞黄腾达的弟弟,当希特勒看到葛丽时,马上为她的美所震惊。葛丽长着一头飘逸的金发,一双美丽的会说话的大眼睛,嘴唇红润性感,身材丰满匀称。希特勒一见到她就喜欢上

二战浪漫曲

了她。所以当姐姐安吉拉提出要让希特勒帮忙为葛丽找一份工作时,希特勒想都没想就答应了。于是,葛丽留在了希特勒的身边。年龄两倍于葛丽的舅舅千方百计的讨好外甥女,而葛丽也被舅舅的个人魅力所折服,被希特勒俘获芳心。

然而希特勒整日里忙于政务,很自然的就冷落了葛丽,作为一个年方20的女人来说这种冷遇无疑是一种折磨。况且希特勒的性格怪异,有时候令葛丽无法忍受,比如说不准她单独出门等。一年多以后,葛丽就和希特勒的司机秘密相恋了。但是,不久就被希特勒发现了。盛怒之下的希特勒解雇并杀害了那个司机,也许这件事让他想起了汉娜的缘故吧?葛丽此后也没过上好日子,那种养尊处优的生活没有了,她被希特勒软禁在他的住宅近两年的时间。希特勒经常向葛丽施暴,甚至强迫她学狗叫。终于有一天,葛丽对于这种折磨无法忍受,用一把手枪自杀了,而那把手枪就是希特勒送给她的。这个残剧发生在 1931 年 9 月,这时葛丽仅仅 23 岁。她自杀时鲜血溅在了她的梳妆镜上,就像一朵绽放的桃花。原来她是在精心的打扮之后才自杀的,也许她想用自己最漂亮的一面来让希特勒铭记吧?

自从葛丽自杀以后,每天希特勒回到住所之后就垂头丧气,总是在房间闷不作声地静坐或来回走,有时甚至彻夜不眠,他还下令任何人不得进入这个房间,除了打扫卫生的人,房间内的一切都不许挪动或改变。

20 世纪 30 年代是希特勒一手建立起来的德意志第三帝国最为壮大兴盛的时期,希特勒的地位也得到了空前的提高。向他吐露情愫的人难以计数,每天的信甚至达到了上千封。在这些情书之中有的含蓄委婉,有的露骨直接,许多信件至今还保存在德国的档案当中。

最后的岁月——和爱娃在一起

希特勒与爱娃的爱情广为流传，但是与爱娃在一起时，他正在忙着为满足他的野心——称霸世界做准备，根本无暇顾及到爱娃的感受。更让爱娃难以忍受的是，经常出入的场合中总有漂亮的女人向他献殷勤。醋意大发的爱娃曾经赌气用父亲的手枪自杀，幸运的是没有像葛丽那样打中头部，子弹只是擦过了她的脖子，而且没有伤到动脉，在送到医院进行简单的治疗之后就没事了，除了一道可以掩盖的疤痕之外什么也没有留下，但是当时这件事希特勒并不知道。希特勒在知道这些事以后非常震惊，他接受并开始注意爱娃，并逐渐的爱上了她，转眼之间10多年的时间就匆匆而过，希特勒与爱娃的爱情依旧没有结果，成为第一夫人的梦还萦绕在爱娃的脑海里。

自从1939年希特勒发动了第二次世界大战以后，爱娃的梦似乎也像德国的胜利一样，将行渐远了。当1945年的新年到来的时候，这场被称为人类浩劫的战争已经接近了尾声，爱娃深爱的希特勒也将难逃惩罚，这一切都是他作茧自缚，咎由自取。然而爱娃又会得到一个怎样的结果呢？

苏军和美军以迅雷不及掩耳之势向前推进，在易北河会师之后，苏军又于1945年4月中旬解放维也纳，并沿着多瑙河继续前进。

由于战争已经到了德国本土，以前金碧辉煌的总理府已经面目全非。希特勒不得不在总理府下面下避弹室中，继续指挥着几近崩溃的德军。而此时却传来美国总统罗斯福的死亡消息。

尽管总理府门前已经变成了一片火海，但是听闻这个消息之后，戈培尔的脸上却露出了笑容。他要马上把这个消息告诉希特勒。

"元首，向您报告一个好消息，罗斯福死了。您的强敌死了。"希特勒此时也是万分的高兴，他心里想着："瘫痪的罗斯福，不是要把我置于死地吗？我现在活得好好的，而你却比我早一步死去，真是苍天有眼。"

纳粹德军的头目们听到罗斯福死去的消息更是欣喜若狂。他们认为是老天在挽救他们，让他们的第三帝国重新辉煌起来。但是这始终没有改变气势如虹的苏军和美军推进的态势，不久后，希特勒收到了仓皇出逃的墨索里尼被枪毙的消息，意识到自己的生命也将结束，于是他开始做最后的准备。

尽管现在的形势对德国很不利，但是希特勒却不是十分的沮丧，他相信苏军会在柏林的城下受到迎头痛击。所有的纳粹党徒还是把希特勒高高地举在头顶，他们时刻关心元首的安危，当他们得知战争的形势已经无法挽回的时候，他们建议希特勒离开柏林，转向比较安全的南方。如果现在不走，苏联红军就可能会把通向南方安全地带的退路切断。

希特勒迟疑不决，很难做出决定。因为他很难想像苏军占领首都之后会是什么样子的。为了向士兵们让步，希特勒宣布他同意建立两个司令部，鉴于苏军和美军在易北河会师，他将派邓尼茨元帅去北方司令指挥。南方的司令部的人选尽管考虑过凯塞林，但却一直没有定论。

此时蒙在鼓里的希特勒并不知道，他最信任的两个部下已经悄悄离他而去，并带走了大量的黄金白银。这些都是搜刮可怜的人民而得到的。这两个老部下坐着汽车，大摇大摆地走了，他们相信他们的元首很快就会命丧黄泉，而他们将会以帝国继承人的身份活下来，或者继续战斗，或者投降归顺。

希特勒下令对不进行反攻的士兵在 5 小时内全部枪决，并且让里克斯·施坦因纳用人头保证所有的人都投入到战争中。发布完命令后,希特勒正焦急地等待着德军发动突击,希特勒的想法是愚蠢的,他是拿着士兵的生命在赌博。施坦因纳没有这么做,他知道这根本发挥不了任何作用。这次反攻仅仅是在希特勒的脑海中,现实中根本就没有这样的事情发生。

希特勒走向死亡的道路就在他的眼前,4月下旬,希特勒在军事会议上大发雷霆,他很生气的想要知道施坦因纳的消息,但是在场的所有的将军们都没有见到施坦因纳。

此时苏军已经突破阵地,其坦克部队已经到达城内。希特勒实在是不能接受这样的事实,他听到这样的消息后,顿时火冒三丈,他从来没有发过这么大的火气,嘴里还说着:"世界末日到了。"

他感觉每个人都背叛了他,每个人都在欺骗他。他知道所有的一切都完了。他要和柏林共存亡。而在当时,邓尼茨和希姆莱并不在柏林,而是在西北指挥军队,他们也给元首打来电话,希望元首能迅速离开柏林,保住性命,也能维持住纳粹当局对士兵们的号召力。

然而固执的希特勒执意要留在柏林,他要死在他所钟爱的首都,随后他把戈培尔叫来,希特勒知道这位忠诚的追随者肯定会陪着他,一直到他的生命的终结。然后,希特勒开始翻阅文件,把其中重要的文件挑选出来,交给部下带到花园中销毁。

凯特尔对元首说,他并不愿意离开他,而希特勒却回答:"这是命令,你必须服从。"凯特尔伴随了元首很长的时间,而在这段时间里他从未违抗过元首命令,哪怕要他上刀山下火海他也义不容辞,顺从是凯特尔的本性,他没有再多说什么。但相反,约德尔并不像他那样俯首帖耳,他终于忍不住了。虽然他也对元首忠心不二,替他出生入死,但是他有自己做军人的原则,他认为希特勒现在的表现,就是放弃对军队的指挥权,在大难临头之时推卸希特勒对军队的责任。

早在 1941 年 6 月末,戈林成为了希特勒的继承人。如今才得知此事的戈林,马上给希特勒打了电报,他要把权利的委托肯定下来,然而就是这封电报却断送了他在纳粹德国的所有前程,电报的内容是:

我的元首:

由于您已经决定留在柏林了, 那您是否同意您在 1946 年 6 月末的承诺,由我来继承总统的职位,如果我在晚上 10 点钟还没有接到您的回复,那么我会认为您已经失去了自由,那么我也将马上接替您的职位,我将为国家为人民贡献我毕生的力量。您知道我非常的尊敬您,在我最困难的时候,是您给了我勇气,我对您的感情,非语言所能表达。希望您能化险为夷,早日来此。

您的忠诚的

赫尔曼·戈林

希特勒接到电报以后原本已经十分不悦,在旁人的挑拨之下变得更是暴跳如雷,大骂戈林,说戈林狼心狗肺。并且下了一道命令,说戈林已经犯了"叛国罪",理应处死,但是看在他为帝国效命的份上,免除死罪,但是条件是他必须辞去全部的职务。第二天黎明之前,这位即将继承希特勒元首位置的戈林被党卫军逮捕成为了阶下囚。

远在柏林西北的希姆莱知道后大为吃惊,柏林现在乱成一团,他自己应该怎么办?他现在还拿不定主意。希姆莱的重要部下之一的戈特洛勃·伯格尔希望马上赶往柏林,他根本不知道他一向尊敬的上司希姆莱在一位早有异心的将军的鼓动下正在筹划着如何投降。当他到达柏林时,总理府已经被苏联红军的炮弹轰击得支离破碎。他发现此时的元首，沮丧不堪，面目憔悴，根本没有一点以前的威风。

后来，戈林与希姆莱发现，他们的行动进展得太快了，希特勒被包围之后，仍然可以通过与外界仅存的无线电联络来迅速的平定"叛国阴谋"，包括他最信任、最重要的追随者发起的"叛变"，但是这种能力很快就不再具有效用。当希特勒在广播中听见前方大权独揽的希姆莱正与美方谈论投降事宜时，他暴跳如雷，并昏厥倒地。将军们赶紧把昏倒的元首扶到座位上，希特勒好久才苏醒过来，将军们个个面面相觑，所有人连大气都不敢喘。愤怒的希特勒又是一顿狂吼："我绝不允许出卖我的人来继承我元首的职位，你们一定要把出卖我的人杀掉。"

希特勒现在无法对希姆莱进行报复，因为希姆莱现在并不在希特勒的掌控之中。他的联络官菲格莱却十分倒霉地成为了他的替罪羊。在希特勒的命令下，这位娶了爱娃·勃劳恩的妹妹做妻子的军官被士兵们带走执行了枪决。虽然他是爱娃的妹夫，但是爱娃在这时却没有替他求情。

在爱娃的心中，希特勒是伟大而神圣的，他是德国的神，她宁可德国的人民都死掉，也要保住希特勒的生命。而现在的情况是所有的人都抛弃了希特勒，所有的人都背叛了希特勒，她不允许这样的事情发生，即使是她的妹夫背叛了希特勒，她也不可能替妹夫求情。

斯佩尔看着现在的希特勒，曾经不可一世的元首，现在骨瘦如柴，面部没有任何的表情，衣服邋遢，眼神空洞，眼睛里布满了血丝。走路也摇晃起来。

不到一个月，希特勒看起来苍老了许多，说话也没有力气。希特勒见到斯佩尔很高兴，在谈话期间，希特勒对他的建筑才能给予肯定，并询问了他关于邓尼茨领导能力的看法。对于希特勒是留在柏林还是去南方的问题，希特勒征求了斯佩尔的意见。

继而希特勒说："我现在已经决定留在这里了，但是不想亲自参加战斗。因为那样的话，我有可能受到一点小伤而被盟军抓到。我不可能给盟军任何抓住我的机会。我已经想好了我的归宿，就是自焚，爱娃已经表示愿意与我同生共死。"最后希特勒神色悲烈地说道："我现在活着已经没有了意义，对于我来说，结束生命是最好的结局。只需一瞬间，我就可以得到最后的解脱。"

希特勒为了表示对多年跟随他的情妇的谢意，决定正式与他相恋多年的爱娃成婚。希特勒一直认为婚姻会束缚他把全部的精力用在军队的指挥上，阻碍他称霸世界的野心。现在他已经到了最后的时刻，军队和野心对于他来说，已经不重要了。他现在要好好的补偿他对爱娃的愧疚，他要和爱娃走进婚姻的殿堂，做正式的夫妻。

席上有香槟酒，各色的美味佳肴。希特勒请来了将军们和戈培尔夫妇等一些亲近的工作人员，大家团团围坐。首先向希特勒给以祝福。然后大家共进早餐。看着满桌的丰富的早餐，没有一个人有心情吃饭。当回顾他戏剧性的一生时，他曾经有忠诚的部下，而今他们却背叛了他。他认为死对于他来说是一种解脱，他为德国所做的一切终究成为了泡影。他推行的"国家社会主义"和称霸世界的梦想彻底地失败了。

希特勒的美梦结束了。一上午的睡眠使希特勒更加的精神，这是希特勒自从走上法西斯道路以来睡得最安稳的一次。中午，希特勒容光焕发的来到会议室，召开例行军事会议讨论战争形势，他和以前一样，丝毫没有走到生命尽头的迹象。而在这时，他接到了报告称红军已经开始向总理府逼近，剩下的军火已经不足以与他们相抗衡了。

在避弹室里的将军们心里都有自己的打算，有 3 个军事副官不愿同希特勒一道自杀，于是他们请求希特勒让他们去打听援军的下落，无心关注他们的希特勒批准了。他们当天下午便离开了这里。继他们之后，尼古拉斯上校也离开了，他只是希特勒的空军副官，而且一直都在核心组织中扮演着下级人物的角色。他并没有受到希特勒的赏识，他没有必要为希特勒陪葬。

他诚恳地要求希特勒准许他离开，希特勒答应了他的请求。在这最后的时刻，希特勒在对外签发的一封令信中有一次强烈的谴责陆军的无能，他认为陆军没有对得起他的期望。在当天夜里10点钟召开的军事会议上，希特勒接到的消息使他对德国陆军的表现感到了更加的愤恨。威德林将军告诉他，苏联红军距离总统府只有咫尺之遥，在一两天之内就会打到这里来。

末日终于来临了，希特勒知道救援部队根本不可能到来了。他不能容忍自己成为战后审判台上的小丑，戈林和希姆莱已经背叛了他，他签署命令把二人开除出党，并任命邓尼茨作为他的继承人。在信中对海军大加赞扬，说他们作战很勇敢。

事实上，希特勒的政治生涯即将结束，虽然希特勒并不情愿也不甘心离开这个世界，但是命运之手已经把他拉到了生命的尽头。爱娃挽着希特勒一一地和大家诀别，在最后的日子里，爱娃默默的支持，不求回报，这使得希特勒十分感动。她终于成为了希特勒一生中唯一的新娘，也终于实现了他的梦想——成为了德意志第三帝国第一夫人。不久后，希特勒和爱娃双双自杀身亡。这个战争狂人，杀人魔王就此结束了其罪恶滔天的一生。